子供の発信 親の決断

野口芳宏

…どうします? こんなとき

日本の子供の育て方

財団法人モラロジー研究所

まえがき

生涯が学び合い、教え合い

「三つ子の魂百まで」とか「雀百まで踊りを忘れず」という諺《ことわざ》は、幼児期の教育が極めて重要であることを示しています。脳細胞の大方《おおかた》は三歳までに完成するので、その頃までの教育こそが大切だ、という学者もあります。

さる高貴な夫人が三歳になった愛娘《まなむすめ》を伴ってソクラテスを訪ね、「娘の教育をいつ頃から始めたらよいか」と問うと、ソクラテスは「三年遅すぎた」と答えたというエピソードも伝えられています。これもまた、早い時期からの「教育」が必要であることの教えと言えるでしょう。

しかし、本書では、教育という営みは「いつでもたいせつ」というのが前提です。「生涯学習社会」という言葉があるように、学ぶことは生涯に及ぶべきであって「これでよい」「もうおしまい」ということはありません。

仮に、三、四歳の教育が完璧にできたとしても、ではその後のことは安心かと言えば決してそんなことはありません。気を緩《ゆる》めれば、たちまちのうちにその子の力は弱まり、低下してしまいます。幼児には幼児としての学びが必要であり、児童には児童としての学びが必要です。生徒になり、学生になっても、そして社会人になっても、いつでも人は学び続けることによって伸び続け、人間として深まり続けることができるのです。

この本には、幼児から中学生頃までの子供が登場し、興味深いさまざまなドラマを見せてくれます。教育という働きは、必ずしも何か特別の難しい仕事をするということではありません。ありふれた日常の中で出合う小さな出来事《できごと》の一つ一つに対して、大人である私たちがどうかかわっていくか。大人のどういう考え方や言葉や行動を子供に見せ、聞かせ、わからせるか。それらの一つ一つの日常的な積み重ねが、実は子供の成長に大きな影響を与え、人を形造っていくのです。

このように考えたときに、この本に繰り広げられた二十余のドラマのそれぞれは、子供を教育するというのはどういうことなのかを、あなたに語りかけてくれることでしょう。それぞれをめぐるお互いの見方や感じ方や考え方を出し合い、子育てについての考え方を深めるのに本書が役立つならば、著者としてこのうえない喜びです。さあ、どうぞドラマをめぐる話し合いを楽しんで下さい。

子供の発信　親の決断

目次

表紙デザイン・本文レイアウト　西山久昭（一広社）
表紙・本文イラスト　中田　亘
編集協力　みち書房

○出典
「野口語録」＝野口芳宏著『鍛える国語教室シリーズ⑪教育語録・硬派で鍛える』（明治図書出版株式会社）
○初出
「親の楽しみ・親の責任」＝月刊誌『れいろう』（モラロジー研究所）、平成十五年一月号～十六年十二月号
「子育て現場のあれこれ」＝月刊誌『れいろう』（モラロジー研究所）、平成十七年一月号～十八年十二月号

第一章 学ぶ我が子への不安と期待

第一章の序

「当事者」だったら、と考える

人は誰でも辛《つら》く苦しいことよりは簡単で楽しいことを好みます。辛いこと、苦しいことにはなるべく出合いたくないので、そういうことからは目をそむけたり、あるいは目を閉じたりして、自分がなるべく苦しまないで済むように、と望みます。

恐ろしいシーンや、怖《こわ》い話に出合うと、目をつむったり、耳を塞《ふさ》いだりします。また、あまりに大きな苦しみや辛さに出合うと、人は時に気を失ったり、考えを狂わせたりしてその苦境から脱しようとします。いずれも、きわめて納得のできる人間としての生理であると言えるでしょう。

事の大小を別にすれば、私たちの日常には、さまざまな不愉快な出来事《できごと》がいっぱい起こっています。そして、私たちはいつの間にかその「現実」から目をそらし、現実を打開したり、考えたりすることをやめてしまい、無難に、呑気《のんき》に、楽しく過ごしてしまおうという気持ちを育てがちです。ひと言で言えば、「自分をごまかす」ことに馴《な》れがちです。馴れるというのは、気にしなくなるということです。「自分をごまかす」ことに馴れてしまうと、「ごまかしている」ことを忘れ、「ごまかしていない」と思い込むようになります。

ここに挙げた四つの小さなドラマは、いずれも、のっぴきならない「現実」を抱えながら、その中で生きていかなければならない人々によって展開していきます。実際には、これらの現実には遠いという人がほとんどでしょう。が、こういう現実は決してここに登場する人々や家庭にだけ固有というものではありません。いつ、何どき、我々の身にもふりかかってくるかしれません。まさか、と思うことが起こる。思いもかけないことに遭遇する。実は、人生とはそういうものです。まさしく「事実は小説よりも奇なり」です。

この物語やエピソードを、どこかの遠い所で起こっている他人事《ひとごと》とは考えずに、自分がその場にいたらどう振る舞うか、という立場で読み、考え、話し合ってみることを望みます。私たちの現実と体験は限られています。物語やドラマやエピソードは、読む人の経験や考え方を広め、深めるのに大いに役立ってくれるに違いありません。

お手々つないで――

年長組になったばかりの麻美は、帰路が同じ年少組の男の子と一緒に帰ることになり、左手を差し伸べて……。

近所の子供どうしで帰る

幼稚園の参観日に、園長が保護者にこんな話をした。

「この頃、地域の結びつきが弱くなっていると言われています。この園でも同じクラスの子供とは仲良くなれるけれども、ご近所に住んでいても、クラスが違うともう遊ばないというような傾向があります。お母さん方にもそういう傾向が見られます」

「そこで、今年は年に何回かは同じ方面別のグループで帰るという機会を作ってみたいと思います。むろん、ある距離まででですが、それでも子供どうし、親どうしの交流が生まれるのではないでしょうか。ぜひご協力をお願いします」

よくわかる話だった。娘の友だちを思い浮かべてみても、確かにそういうことが言えそうだ。それでは、やはり残念だ。せっかくご近所なのだから、もっとつながりを強くするほうがいい。母親は、白髪の園長の話をうなずきながら聞いたのだった。

その日、娘の麻美《まみ》と連れ立って帰りながら、園長の話を麻美に伝えた。

「いいことだわよね。お母さんは大賛成だわ」

と言うと、年長組になったばかりの麻美も喜んだ。「楽しみだわ」とも言った。園長の発案はきっといい成果を生むことだろうと、母親の心も明るくなった。

思わず手を引っこめて――

天気の良いある日のこと。コース別に連れ立って降園する初めての試みがなされた。園長はみんなに大きな声で、

「二人ずつ手をつないで帰りましょうね。初めてのお友だちとも仲良くするんですよ」

と伝えた。園児は、みんな元気に「はーい」と一斉《いっせい》に手を挙げて答えた。嬉《うれ》しそうな表情が読みとれる。新しく友だちになれる期待が子供心にもあるのだろう。


年長組になった麻美は、年少組の男の子と帰ることになった。麻美はお姉さんである。幼い男の子と仲良く帰れるように、優しくしようと思った。

「一緒に帰ろうね」

と言うと、男の子は少しはにかんで、それでも大きく「うん！」とうなずいた。麻美は嬉しくなった。そして、手をつなごうと左手を出したときに、右手を差し出した男の子の掌《てのひら》を見てどきっとした。男の子の指は三本しかないのだ。薬指と小指とがない。思わず伸ばした左手を引っこめてしまった。


その瞬間、麻美は、なんだかひどく悪いことをした、と思った。とんでもないことをしてしまったという思いが頭の中をぐるぐると回った。「どうすればいいんだろう」と思った。

麻美は、それから担任の山田先生の所に小走りで近づいて「先生、先生」と山田先生の腰を叩きながら小声で叫んだ。そして、先生の耳許《みみもと》に背のびをして語りかけた。先生も膝をかがめて低くなった。「うん、うん」と、うなずいた。

それから先生は、にっこりとして言った。

「普通に手をつなげばいいのよ。普通の子と同じにすればいいの。わかったわね。できるわよね」

先生はそう言って、優しく麻美の頭を撫《な》でた。麻美は、大きくうなずいてにっこりすると、また小走りに元の列に戻った。

どうもありがとう

「待たせてごめんね」

と、麻美は男の子に語りかけて手をつないだ。小さな、温かい、ぷっくりとした手だった。男の子は、嬉しそうに麻美と手をつないで歩いた。

やがて、男の子と別れる所に来ると、後ろについていた男の子のお母さんが、麻美に笑顔で語りかけた。

「手をつないでくれてありがとう。こういう手をした子供もいるのよ。でも、お姉ちゃんと手をつないでもらって、坊やもとても嬉しそうだったわ。また、よろしく頼むわね。どうもありがとう」

麻美は、このお母さんの言葉がすごく嬉しかった。すごくいいことをしたんだ、と思った。小さく手を振って、

「さよならあ！」

と言うと、男の子もあの右手を挙げて麻美に

「バイ、バイ」と手を振った。

お母さんは、もっと嬉しいわ

家の前でお母さんが麻美を待っていた。麻美の姿を認めると手を振った。駆け寄って来た麻美に母親は問うた。

「どうだった。ちゃんとお世話ができたの」

「うん、ちゃんとできたわよ！」

と、麻美は大きくうなずいて、さっきの出来事を早口に母親に伝えた。母親は、ちょっと眉《まゆ》を曇らせたり、にっこりしたりしながら麻美の話を聞いた。話を聞き終えると、麻美を引き寄せて強く抱きしめた。母親の瞼《まぶた》が潤《うる》み、涙が一筋ツーと頬《ほお》を伝って流れた。

「いい経験をしたわね、麻美。世の中には、そういうお子さんもいるのよね。神様のいたずらにしてはちょっとひどいけど、仕方のないことだわ。でも、麻美は偉かったわね。坊やにも坊やのお母さんにも喜んでもらえてよかった。お母さんはもっと嬉しいわ」

そう言って母親はもう一度麻美を強く抱いて頬ずりをした。

入学式のダルマさん

足の不自由な照子を母の厚子は不憫に思うのだが、小学校入学式を迎えた照子は……。

足の弱い我が子

照子《てるこ》は生まれつき右足が弱かった。這《は》っている間はさほど目立たなかったが、つかまり立ちをし、やがて歩き始める頃には、明らかに体がわずかだが右に傾いた。それでも発育は全身的に進み、発育に応えて、歩こう歩こうと口もきけないのに頑張《がんば》っている我が子の姿を見ると、母親の厚子は不憫《ふびん》で不憫でならなかった。

なんとかして普通に歩けるようにしてやりたいと、夫とも相談してずいぶんいろいろな病院に行ってみたのだが、どこでもはかばかしい治療にはならなかった。

しかし、当の照子は、そんな障害にもめげず、明るく、元気にぐんぐん成長していった。体を左右に揺らしながら、不自由な足のままで鬼ごっこさえやってのけた。持ち前の明るさと元気で、少しぐらいからかわれても、悪い足のことを言われても、照子はいつでも明るく、元気に暮らしていた。

五歳の折、医師の勧めで照子は右膝に歩行を補助する装具をつけた。膝への負担を軽くするためだった。さすがに装具をつける日には、照子もちらりと寂しそうな顔を見せたが、医師の勧めと励ましを素直に受けて、装具をつけ元気に幼稚園へ通った。静かな部屋の中で歩くと、微《かす》かにぎしぎしという装具のきしみが聞こえたが、普段の生活ではその音が目立って耳障りになるようなことはなかった。照子は、装具に慣れるにつれて、装具をつけているほうが歩きやすいと喜んだ。それは両親にとって大きな救いだった。

入学式での活躍

照子の小学校への入学は、母親の厚子にとって新たな負担だった。入学できるほどに成長した我が子を見るのは嬉しかったが、今までの幼稚園のように仲良しの子供ばかりに囲まれるとは限らない。また、体育の授業もだんだん体力を必要とするようにもなる。果たして、小学校生活を人並みに照子はやっていけるものだろうか。それらをあれこれ思うと、厚子の心は複雑に揺れた。

厚子の心配にもかかわらず、照子は真新しいランドセルを背に、明るく元気に入学式を迎えた。入学式の式場で校長先生は、なにやら風呂敷に包んで壇上に上がり、「この風呂敷の中には何が入っているでしょう」と新入生に問うた。大人ならひと目見てダルマらしいなとわかるのだが、一年生にはちょっと難しいのか、誰も答えなかった。一瞬、しんとなった。

そのとき、「ハイッ」と大きな声で手を挙げる子がいた。厚子はどきっとした。なんと、照子がまっすぐに手を挙げているではないか。校長先生は、照子を見つめて「言ってごらん。大きな声で」と促《うなが》した。照子は、大きな、はっきりした声で「ダルマさんだと思います」と答えた。かわいらしく、元気のある声なので、保護者も、先生方も、在校生もみんなちょっとどよめいた。「ほ、ほう。ダルマさんですか。じゃあ、ここに来て風呂敷を開けてごらん」と、校長先生に言われると、照子は「ハイ!」と元気よく返事をして、装具をつけた足で、体を揺らしながらもしっかりと歩き、式場の演壇への階段も落ち着いて一段一段登った。

演壇に近づくと、校長先生は、「偉い、偉い」と言って、よいしょっと言いながら照子を抱きかかえると、「さあ、本当にダルマさんかな」と言いながら、演壇の上の風呂敷包みに照子の体を近づけてくれた。

照子は、少し緊張した面持《おもも》ちで風呂敷包みをほどくと、大きなダルマが顔を出した。式場は大きな拍手に包まれた。照子も、にっこり笑って校長先生に抱かれたまま、ぱちぱちと手を叩いた。

「やあ、立派、立派。やっぱりダルマさんでしたね。よくできました。大当たりです。では、お名前を皆さんに教えて下さい」

「大川照子です」

はっきりと、元気よく、照子は答えた。

「大川照子さん、とてもよくできました」

そう言って校長先生は照子を抱いたまま階段を下り、床にそっと照子を下ろすと、笑顔で照子の頭を撫でた。

照子が体を揺らしながら戻るとき、再び大きな拍手が照子を包んだ。

子供に励まされて

厚子は、この思いがけない一部始終を見つめていた。何度か、目頭《めがしら》が熱くなって手を瞼に当てた。晴れの入学の初日を、生まれつきの障害を物ともせず、なんと堂々と、見事に、我が娘はやってのけてくれたことだろう。厚子は心から我が子を愛《いとお》しく思った。

気がつくと、校長先生が演壇の上で、あの大きなダルマを揺らしながら、

「何度転んでも、必ず起き上がるダルマさんのように、根気強く、くじけることなく、諦《あきら》めることなく、毎日元気で学校に通ってきて下さい」

と、どの子にもわかる優しい話し方で話していた。

照子は、背筋を伸ばし、まっすぐに校長先生のほうに眼《め》を向けて話を聞いているようだった。再び、厚子は目頭を熱くした。「大丈夫《だいじょうぶ》だ。あの子はしっかりとやっていける」。厚子はそれを自分に言い聞かせ、一人うなずいた。

野口語録 NOGUCHIGOROKU

子供というものも、それなりにいろいろのコンプレックスを持ち、それに災いされて本当の自分を表現できずにいるのではないか。そのコンプレックスを何かの機会にふっきってやればあるいはふっきるチャンスを与えることができるならば、その子は向上的に変容することができるに違いない。

母子家庭の父親参観日

父親のいない四年生の正夫は「父親参観日」に心を曇らせるのだった。正夫の気持ちを心配する母の礼子は……。

元気のない帰宅

小学校の四年生になった正夫《まさお》が、なんとなく寂しそうな顔をして戻ってきた。「ただいまぁ」という声にいつもの張りがない。それを察して母親の礼子はわざと明るく大きな声で「お帰りなさあい！」と言ってみたのだが、正夫の浮かぬ顔は変わらなかった。

「どうかしたの、元気がないじゃないの」と礼子は笑顔で尋ねてみた。

それには答えずに、のろのろと正夫はかばんを開いて一通の学級だよりを取り出し、

「父親参観日だってさ……」

と言ってそれを礼子に手渡した。

「ああ、そう……」

礼子は、そうだったのか、とようやく合点《がてん》がいった。そして、一瞬心が冷えるような気がした。

夫の正明が突然「別れてくれ」と言い出したのは、去年の五月のことだった。寝耳に水と言えばいいのか、晴天《せいてん》の霹靂《へきれき》と言えばいいのか、それを聞いたときのショックが一瞬の間に礼子に甦《よみがえ》ってきた。

夫は、すべてのことを礼子に話したのだ

が、それを聞いた礼子は、もはやどうすることもできない立場に自分が追いこまれてしまっていることを悟らされた。よく言われる浮気というのとは少し違う。夫は、浮気ではなく「本気」で相手の女性を愛している、とまで言ったのだ。相手の女性にも家庭があるのだが、彼女もまたその家を出るということだった。信じ難い出来事だった。

ごたごたも伴いながら、とにもかくにも一件は落着した。礼子が子供二人を引き取って育てる決意をし、ようやく少し生活に落ち着きを取り戻し始めていたところだった。正夫が「父親」という言葉にこだわって元気をなくしたとて、誰がそれを責められよう。小さな胸の中で、父親であった正明への思慕《しぼ》や恨みや悲しみが交錯したに違いない。無理もないことだ。礼子はふうっと溜息《ためいき》をついた。

父親参観日という言葉

それにしても、「父親参観日」というありふれた言葉が、こうも個人の家庭に波紋を広げることになろうとは、昨年までは考えたこともなかったのに――、と礼子は思った。そういうことを十分に考えてか、この頃では、「父親参観日」とか「両親参観日」とは言わず、「土曜参観日」などという言い方に変えている公立の幼稚園や学校が、ほとんどだとも聞いている。

しかし、正夫の通う学校では、「前々からの呼び名をあえて変える必要もない」という考えで、今も昔の名称が使われて今日に至っている。PTAの役員会でそのことが話題に上ったこともあるが、「父の日」も「母の日」もあるのだから――という発言もあって、現

在のようになっているとのことだった。「それも一理はある」と、礼子は思う。

父親参観日、母親参観日という言葉を使わなくなったからといって、父親が戻るわけではないし、母親が帰ってくるわけでもない。「いない」という現実は何一つ変わりはしないのだ。むしろ肝心なのは、そういう現実自体に正対し、その中でどのように明るく、逞《たくま》しく、強く生きていくかを考えることだ。単に、気の毒だから、かわいそうだからという同情めいた感情から「土曜参観日」などと言葉を変えてみせるだけなら、それはかえって浅薄なごまかしになりはしないか。本当の解決なんかには、全《まった》く役に立ちはしないのだ――。

とはいうものの、現実に我が子の正夫は父親参観日という言葉に心を暗くしている。肩を落としたまま自分の部屋に入っていった正夫の心の内を思うと、哀れさが増す。やっぱり子供のために母親としては、離婚をしないで頑張るほうがよかったのだろうか。礼子は、あれこれ考えると、気持ちが沈んでいくのがわかった。

きっと、お父さんは喜ぶ

結局のところ、時間こそが最大の癒《いや》し手であるらしい。夕食の頃には、正夫もいつもの快活さを取り戻していた。この頃興味を持ち出したサッカーチームの様子なども話して、聞かせてくれた。中学一年生の姉も屈託なく明るい表情で日々を送っている。悩むことはないんだ、と礼子は自分に言い聞かせた。

夕食の楽しいお喋《しゃべ》りのあとで、礼子は二人

の子供にこんな話をした。

「お母さんは考えたの。父親参観日って名前のままでいいんだなって」

二人の子供は母を見つめた。

「いろいろあって、あなたたちには辛い思いをさせたわ。申しわけないと思っています。でもね、あなたたちがこうして生まれてきたのは、やはりお父さんがいてくれたからでしょ。許せない気もするけど、お父さんだってあなたたちのことは毎日思い出していると思うわ。だからね──」

礼子は、ちょっと間を置いて言った。

「正夫は、お父さんが後ろであなたの勉強をじっと見ているつもりで勉強をしなさい。きっと、お父さんはそれを喜ぶと思うわ」

二人の子供はうなずいた。それも明るく。

野口語録
NOGUCHIGOROKU

人間の進歩というものは、つまりは現在の自分を否定して、もっといい自分に変わっていくことである。だから、最初はわからなかったり、まちがったりしている、いわゆるできの悪い子供のほうが、本当はずっと授業を楽しみにしていることになる。

夏休み中のプール開放考

夏休み中のプールの運営をめぐって、PTAと教員側の考え方に食い違いが生じたのだが……。

夏休み中のプールは閉鎖する

「少し申し上げにくいんですけれどねぇ、私、主人に叱られましたの。そんなこと引き受けたら、大変なことになるぞ、って。そう言われてから、私、本当に考え込んじゃったんですよ。だって、お預かりするのは人様のお子様でしょう。もしものことがあったら、それこそ取り返しがつかないじゃありませんか。そう思うと、私、こんなことはとてもPTAなんかで引き受けることではないと思うんです」

四年生のPTAの代表役員である大野さんがそう発言すると、四年生の他のクラスの役員も、みんなうなずいた。そして、ちょっとの間重苦しい沈黙が続いた。司会役をしていたPTA会長も、しばらく腕を組んで黙っている。

六月のPTA代表役員会は、少し難題を抱えこんでいた。それは、夏休み中のプールの開放をPTAとして運営するかどうかという問題についてである。昨年度までは学校側の教員が夏休み中のプール開放をすべて取り仕切り、世話を焼いていたのだった。それがこの学校の長い慣行だったからだ。

しかし、それは実はおかしい慣行なのである。学校のプールは本来「授業」のための施設である。だから、夏休みに入るまでのおよそ一か月間は一般の学校のプールは大賑《おおにぎ》わいである。各クラスが競ってプールを活用するからだ。

ところが、夏休みというのは学校は授業を行わず、子供の自主的な体験や学習に委《ゆだ》ねる期間であるから、授業のためのプールは当然使用しないわけである。学校としては夏休み中のプールは閉鎖するというのが当然で、それを開放するということになれば別の団体が学校の貸与を受ける形にするのが望ましい。学校の教員が授業ではなく夏休み中のプールを子供に使わせ、監視するというのは本来は筋違いなのである。新しく赴任してきた柳田校長はそのように理を尽くして話した。そこで、ＰＴＡとしてはどのようにこの問題に対応すべきかという議論をすることになったのだった。

先の大野さんの発言は、ＰＴＡとしてプールを学校から借り受けるのは責任が重すぎるので、いっそ夏休み中は閉鎖をしたほうがよい、という消極論の表明だったのである。

そのほうが安心できる

柳田校長としては、これらの動きを静観するしかないと考えていた。積極的に「ＰＴＡとして借りて下さい」とも、「借りないで下さい」とも言えない。しかし、先の大野発言に対しては内心若干の違和感を覚えていた。

〝人様の子供の命を預かるなんて、とてもできないと言うけれど、学校の教員は毎日それをやっているのである。親としては責任が持てないからという考えは、少し身勝手ではないだろうか〟。そう思ったのだが、それを口にするわけにはいかない。やはり、静観するしかないと思った。

大野さんの発言は正直だった。それを言われれば誰だってそう思ってしまう。だが、そうだからといって、それで果たしていいのだろうか。プール好きの子供たちはずいぶんがっかりすることだろう。市営のプールの入場料やそこに行くまでの交通費や時間のことを考えると、なんとか昨年までのやり方を存続してはもらえないものだろうか、と思うのは当然だ。

「私も大野さんのお考えに賛成です。やはり、素人《しろうと》の私たち母親には荷が重すぎるのではないでしょうか。残念ですが、私もやはりPTAとしてはやめたほうがいいと思います」

と、五年生の役員の林さんが発言すると、うなずく人が多かった。厄介《やっかい》なことは引き受けないほうがいいに決まっている。「うん、うん」とうなずいたり、「そうよね」と隣と話し合ったりして、少しざわつきが生まれたときだった。副会長の神崎さんが手を挙げた。神崎さんの挙手《きょしゅ》は、重苦しい雰囲気をあるいは変えてくれるかもしれない、という期待を人々に持たせたように見えた。

それは、違うのではないか

「私は、少し別の意見を持っています。親という存在は、子供のためには多少のリスクを承知で体を張る必要があると思います。プールの問題にしても、断ればいちばん簡単です。でも、そのことによってこの学校の子供は一人も学校のプールでは泳げなくなってしまいます。それでいいのでしょうか。それでは親として、少し頼りなさすぎるのではないでしょうか。子供にがっかりされはしないでしょうか」

神崎さんがそこでちょっと口を閉じると、今までとは別のざわめきが生まれた。ＰＴＡの会長は大きく、深くうなずいた。大野さんも、大野さんの発言を支持した五年生の役員の林さんも、ちょっとばつが悪そうに見えた。

「私は、子供のために親はやはりリスクを負っていくべきだと思います。なんとか皆さんで力を合わせて、子供たちのためにプールの監視をやってみましょうよ。ほかの学校でもやっているんですもの。私たちにできないことはないと思いますよ」

多くの役員が、神崎さんの発言にうなずき、ぱっと表情が明るくなったように見えた。

野口語録
NOGUCHIGOROKU

人は誰でも自分が正しいと思っている。親から苦情を申し込まれると、教師は、多くの場合身構えて防衛的になりやすい。時には拒絶的、あるいは攻撃的になることがある。実はこの態度が独善的なのである。というのは、相手もまた自分が正しいと思えばこそ苦情を伝え、抗議に及ぶのである。「自分が正しく、相手が間違い」と思うのは実はお互いさまなのである。

第一章のまとめ

与えられた世界でベストに生きる

辛い現実からは目をそらし、あるいは目をつむり、それを直視しないようにして生きる、という回避的な生き方がごく一般的な生き方、考え方だと先に述べました。しかし、そのようにしたからといって現実そのものは一向《いっこう》に変わってはくれません。

そこで、もう一つ別の生き方が生まれます。それは、変わらぬその現実と真正面から向き合い、むしろその現実を活用して自分の人生を充実させていくという前向きの生き方です。「モラロジー」(※)の学祖・法学博士廣池千九郎《ひろいけちくろう》先生は、苦学力行《りっこう》の末に法学博士の学位を得ます。が、そのときを待っていたかのように大患《たいかん》に見舞われます。これからという人生の絶頂期に襲ったこの不幸は、常人ならば失意の底に沈むほかはない事態でしょう。が、廣池博士はこのとき翻然《ほんぜん》として悟り、「われ幸いにして病を得たり」という心境に達します。「成功必ずしも幸福ならず」と喝破《かっぱ》し、以後の人生を「幸福実現への科学的筋道」の研究に没頭します。東西古今の聖賢《せいけん》の書物を徹底的に読み、遂に『道徳科学の論文』(全十巻)の大著を完成し、万人を幸福に導く新科学「モラロジー」の大系を構築します。

格言に「禍《わざわい》を転じて福となす」というものがあります。一般の凡人には禍でしかない不運をばねにして、非凡な人はそこから幸せを築いていくというのです。私は小学校の四年生で母を亡くし、それからは慈愛に満ちた継母によって育てられました。生母の死は不運ですが、結果的に現在の私はとても幸せな人生を送らせてもらっています。変えることのできない現実を苦にして、そこから逃げたり、目をそらしたりするのではなく、その現実に正対し、その現実を乗り越え、生かすような生き方こそが肝要《かんよう》です。

私は、このような自分の運命や生き方を通して「与えられた世界でベストに生きる」という言葉を生み出し、それをモットーとしてきました。そして、こうなった現在の結果的な現実こそが、私の人生にとってはベストだったのだ、と考えることにしています。このような考え方を、私は「結果幸福論」と名づけて自分なりに納得しています。「結果的にこうなった現実こそが、私にとっては最上の幸福なのだ」という解釈です。古諺《こげん》の「足るを知れば不足なし」や、「住めば都」などと一脈通ずる考え方と申せましょう。

さて、第一章には四つの話が載っています。「お手々つないで――」、「入学式のダルマさん」の二つは、いずれも障害を持って生まれた子供と、その子を持つ母親の話です。障害があるという「現実」と、堂々と向き合って、明るく強く、楽しく生きようとする姿勢がさわやかです。「入学式のダルマさん」に登場する大川照子さんは、本書の姉妹書である『子供の挑戦　大人の出番』の「圭子ちゃんのマラソン」で再び登場しています。ここに登場して最後尾で完走する圭子ちゃんと大川照子ちゃんは、実は同一人物です。私が小学校の校長時代に出合ったすばらしい女の子が主人公です。

「父親参観」を気にする二人の子供に向き合う母親の礼子は、「現実に正対」しています。「夏休み中のプール開放」をめぐって、「親は子のためにリスクを負え」と発言する神崎さんも同様です。我々は「現実」とどう向き合うべきか、どうぞ存分に話し合ってみて下さい。

※モラロジー……法学博士・廣池千九郎（一八六六～一九三八）によって創建されたモラロジーは、「道徳」を表すモラル（moral）と「学」を表すロジー（logy）からなる学問名です。日本はもとより、世界の倫理道徳の研究をはじめ、人間、社会、自然のあらゆる領域を考察し、人間がよりよく生きるための指針を探求することを目的とした総合人間学です。

第二章

親と教師　信頼感と距離感

第二章の序

教育は信頼と尊敬によって成り立つ

世の中に流行する言葉は、その時代時代の世相を反映しています。「学級崩壊」とか、「校内暴力」などという言葉は、昔は存在していませんでした。残念な流行語です。

近頃の新しい流行語に〈モンスター・ペアレント〉というものがあります。モンスターというのは、「怪物。化け物」という意味です。まるで怪物のように恐ろしい親、というような意味ですが、こういう新しい親の出現に善良な学校の先生方は大変困っています。同じような流れの言葉に〈ヘリコプター・ペアレント〉というのも出てきました。ヘリコプターのように空をぐるぐると巡回していて、事が起こるとすぐ学校に舞い降りてきて文句を並べたり、攻撃を加えたりする親というような意味の新語です。

いずれも、学校や教師というものが昔のような尊敬と信頼の高さを失って、その権威が失墜《しっつい》してきたことを物語る流行語だと思われます。このような親の出現は、教育という重要な営みにとっては重大な事態と言わねばなりません。というのは、そもそも教育にとって最も肝要な条件が「信頼」ということだからです。「信用」や「信頼」を失ったところに教育は成り立ちません。

親は教師を信頼し、尊敬するからこそ我が子の教育を教師に託《たく》すのです。また、親が信頼し、尊敬する教師であればこそ、子供はその先生の教えを信じ、尊敬して学ぶのです。信頼と尊敬を失った相互関係の中で、教育は決して成立できません。

昔は「三尺下がって師の影を踏まず」とまで言われていました。師弟関係は、そのようであることが理想的なのですが、今は「三尺飛び上がって師の頭を蹴飛《けと》ばす」とか、「三尺下がって師の禿《はげ》を笑う」などという、からかいのパロディーが流行する始末です。これではどうしようもありません。

子供と教師、親と教師は相互に信頼と尊敬の念によって結ばれなければなりません。そのようにするには、どうしたらよいのでしょうか。一朝一夕に解決はできないことは言うまでもありませんが、結局は親や子供や教師の「物の見方、考え方、受け止め方」を変えていくしかありません。ここに登場する人々は、それらを考え合ううえで、きっと良い話題と契機を与えてくれることでしょう。

月謝を払ってるんですよ

美咲の母親は、六本木で友人と会食するといって、発熱している美咲を松野先生に預けて出かけてしまうが……。

少し熱っぽいけど

少し青ざめた顔をした年少組の美咲《みさき》を伴って母親が幼稚園にやってきたのは、始業して間もなくの九時過ぎのことだった。母親は、

「少し熱っぽいみたいだけど、たぶん大丈夫だからこのまま預かって下さい」

と、元気な声で言った。担任の松野先生は、

「ちょっと待って下さい。熱はありませんか」

と、美咲の額に手を当てながら言った。ちょっと熱く感じた。


「今朝《けさ》測ったら七度五分だったわ。この子はそのくらい平気なの」

けろりと言ってのける母親に、

「えっ、七度五分もあるんですか」

と、松野先生はおうむ返しに言った。その熱では無理だ、と思った。

「朝のうちはともかく、これから熱が上がったら困ります。お家でゆっくり休ませて、元気になったらまた連れてきて下さい」

松野先生は、美咲の頭を優しく包むようにして母親に伝えた。

「大丈夫よ。薬も飲ませてあるし、元気だ

から。美咲ちゃん、大丈夫だわよね？」と母親に言われて、美咲は小さくうなずいた。母親は、

「ほら、ね。じゃあ、お願いしまぁす」

と言いながら、美咲の頭にちょっと手を置くと帰ってしまった。

やっぱり……

園長に相談する間もなく、無理矢理預けられてしまった松野先生は、小さな不安を残しながら、美咲の肩を抱くようにして教室に入った。「おはようございます」という園児の元気な挨拶に応えながら、松野先生は気をとり直した。「なんとかなるだろう」と、自分に言い聞かせた。

美咲がぐったりしたのは、十時半を過ぎた頃からだった。松野先生は、不安が的中したことを悔いながら、美咲をとりあえず保健室に寝かせると、すぐ園長に事の次第を報告した。園長には、報告が遅くなったことも詫びた。すると園長は、

「困ったお母さんだわねぇ。でも、お子様第一だからね。早速、お宅に電話をして迎えに来てもらいましょうよ」

と、松野先生を労《いたわ》るように呟《つぶや》いた。

「はい、そうします。ご心配をおかけしてすみません」

松野先生は一礼すると、電話をかけるために職員室に向かった。

六 本木ヒルズ?!

松野先生が、簡単に経過と現状を母親に伝えると、

「ああ、そう。やっぱり熱が上がったのね。でもねぇ、私、今日は迎えに行けないのよ」

と、母親は淡々とした調子で言った。松野先生はその瞬間、自分の耳を疑った。「えっ?」と言ったきり、次の言葉が出なかった。すると、電話の向こうから声が返ってきた。

「私、今日は六本木ヒルズでお友だちと久しぶりに食事をする約束をしているの。お友だちも楽しみにしているので、どうしても行かなくちゃいけないわ」

「は?! 六本木ヒルズ、ですか」

と、思わず松野先生は語調を強めた。

「そうなのよ。だから、二時過ぎまでは美咲を預かっておいてほしいの。あの子は普段から丈夫だから平気だと思うの……」

「ちょっと待って下さい。このままで――」

松野先生は、走って園長室に行き、口早《くちばや》に経過を伝え、電話を代わって下さいと頼んだ。

「いいわ、私が話します」と、園長は松野先生に微笑《ほほえ》みかけ、指で丸い輪を作って見せた。

救 急車でも頼んで……

「お待たせしました。園長の山下です。松野から話を聞きました。美咲ちゃんにいちばんたいせつなのは、お母さんに来てもらう……」と言いかけた言葉を遮《さえぎ》るように、

「でも私、今は行けないんです。お友だちと約束があって、どうしても行かなくちゃい

けないものですから——」

という答えが返ってきた。園長もまた、耳を疑う思いであったが、

「私どもでもね、大事なあなたのお子さんをこのままお預かりするわけにはいかないんですよ。もし、もっと悪くなったりしたら、とても責任を持てませんから」

と、半ば頼みこむような調子で言葉を重ねた。

すると、母親の言葉が少しきつくなって、早口になった。

「責任を持てないってどういうことですか。私はちゃんと月謝も払ってるんですよ。預かっている子供が熱を出したときぐらい、ちゃんと面倒を見てくれなくちゃ困るじゃないですか。とにかく私は、どうしてもすぐには行けないんです。もっと悪くなるようだったら、幼稚園で救急車でも呼んで下さい。そうすれば、救急車が病院に連れて行ってくれるでしょう」

この言葉を聞いた園長は、これは話にならないと諦《あきら》めた。そこで母親に、

「わかりました。お預かりはします。美咲ちゃんがかわいそうですから。でも、なるべく早く帰ってきて下さい」

と伝えた。すると、母親の声は急に軽くなって、

「お願いしまぁす」

と言うと、電話が切れた。

「世の中も変わってきたわね」

と、園長は溜息をつきながら独り言のように呟いた。母親が園に来たのは、二時半をかなり過ぎてからだった。

逃げることと挑むこと

給食費など学校の集金法が現金に変わった。登校時の事故を恐れたＰＴＡ側は校長室に出向いた……。

現金集金方式の不安

「お母さん、学校からのお手紙だって」

一年生の松男《まつお》が汗をふきふき一枚のプリントをランドセルから出して文子に渡した。

学校からの文面は、九月からの集金を従来の口座引き落とし方式から現金集金に改めるというものだった。給食費、学級費、ＰＴＡ会費など、学校での集金を一切ひっくるめて毎月四千円ずつ現金で集金し、年度末の三月に集金額を調整することによって全体を清算する、というものだった。

口座引き落とし方式は、一世帯でも不渡りが出ると引き落とせない。ここのところいくら通知をしても毎月のように不渡りが生じ、とても学校の事務室では対応しきれないというのが、その理由だとも説明されている。

文子は、一年生の松男の様子を思い浮かべた。早生まれも手伝ってクラスでいちばん背が低く、性格も内気でおとなしく、ひ弱で頼りない。毎月の月初めの月曜日に、あの子が四千円もの大金を無事学校に持っていけるのだろうか。途中で落としたりすることはないだろうか。また、第一月曜日はどの小学生も四千円ずつ持って学校に行く日だとわかったら、よくない中学生などにつかまったりすることはないのだろうか。

　次から次へと小さな不安が頭に浮かんできて、文子はだんだん憂鬱《ゆううつ》になってきた。なんとか今までのままでうまくいく方法はないのだろうか。それとも、こんな不安は私だけの杞憂《きゆう》なのだろうか。

やはり、やめてもらおう

　文子は仲良しで学年のPTAの委員長をしている片山さんに電話をしてみることにした。文子が集金の不安を告げると、その電話を待っていたように片山さんのほうが喋り出した。

「大川さんからも山田さんからも電話がかかってきたわよ。みんな心配してるわ。私も実は心配なのよ。せめて、低学年の間だけでも振り込みにしてもらえると安心だわよねぇ……。でね、みんなで一度集まって相談しようってことになったの。あなたもいらっしゃいよ。いろんな方の考えを聞きたいわ」

　そうなんだわ、やっぱり、と文子は思った。久しぶりにコーヒーでも飲みながらみんなでお喋りをするのも楽しいだろうと、文子も話し合いに仲間入りすることを伝えて電話を切った。これで安心できると少し気持ちが楽になった。

　話し合いは全員一致で、低学年のPTAの意見として代表役員が直接校長先生のところにお願いに行こうということで落ち着いた。あとはそれぞれの家の様子などのお喋りになって、話し合いは楽しくお開きになった。

やめずに挑んでみよう

低学年三人ずつの六人で校長室に出向いたのは、それから五日ほど経ってからのことだった。校長はにこにこしながら、じっくりと役員の話を聞いたあとで次のように話した。

「皆さん、よく私のところに来て下さいました。こうして直接話し合えるのはいちばんいいことです。まずお礼を申し上げます」

「落とすかもしれないというご心配はいりませんよ。毎月毎月落とすということは考えられません。また、たまに落とすことがあったとしても、それが重要な勉強になります。次には落とすまいと誰だって考えるでしょう。二つめの盗《と》られるかもしれないということも、そう心配はないでしょう。毎月毎月盗まれるというのであれば、学校教育は猛反省と猛改善をしなくてはいけません。三つめの中学生の心配も、まず無用でしょう。毎月毎月中学生の恐喝事件が起こるとしたら、これは大変な問題です。地域を挙げて、小学校中学校教育の大改革を考えなくてはいけません。もし、それらの事件が起こるというのであれば、この学区の地域住民総がかりで問題解決に当たる必要があります。そういう現実が集金によって明るみに出るようになれば、それはむしろ地域にとって歓迎すべきことだと言わなくてはいけません」

「というわけで、私はやはり子供に現金を持たせるという今回の改善はたいへん有意義なことだろうと思っています。子供にも責任を持って行動させる絶好のチャンスととらえて、どうぞしばらく様子をご覧下さい。私は、子供たちは立派にやりとげてくれると思っていますよ」

六人の役員は、校長の話をうなずきながら聞いていた。なるほど、なるほどどという表情が読みとれる。

「校長先生、よくわかりました。私たちはどうも目先の小さなことに心を奪われていたようです。先生のおっしゃるように考えれば、子供を大きく伸ばすチャンスとも考えられますね。いろいろ心配をされたお母さん方からの電話もありましたが、私たちからもよく校長先生のお考えを伝えることにいたします。やはり、私たち伺って良かったですわ」

委員長の片山さんがそう言うと、他の役員もみんな晴れ晴れとした表情でうなずいた。

この話を伝えられた文子は、うん！ と大きくうなずいた。松男もきっと立派にやれるだろうと思えてきたからである。

野口語録
NOGUCHIGOROKU

ＰＴＡ活動に教師がかかわらないままでいると、「また、ＰＴＡが来ている。よく来るなあ」などとうるさく思いがちになる。そんな態度や表情を絶対にしてはならない。ＰとＴがあってこそＰＴＡ活動であることを、忘れてはならない。

Case 7

分けてもよいこと、いけないこと

妹の他界により幼い姪二人を我が子として引き取った明子は、実の一人娘のことで担任に相談することに……。

娘の変化を知らされて

夏休みに入るちょっと前のことだった。担任の先生からの電話で母親の明子《あきこ》は学校に出かけた。「清子さんのことでちょっと気になる様子が見られるから」ということである。明子から見て四年生の清子《きよこ》には格別の変化は感じられなかった。相変わらず素直で明るく見える。

担任の林先生は、「お忙しいところをすみませんねえ」とにこにこしながら明子を迎えてくれた。いつもと変わらない優しいまなざしに好感が持てる。穏《おだ》やかで柔和なこの林先生は、若いけれども母親たちの間で人気も上々である。

「この頃、清子さんが時々ひとりぼっちで、ぼんやりしているような様子が見られるんですよ。以前はいつも友だちと一緒にいる子供でしたから、どうしたのかなと気になっていました。私から問いかけても、特別に理由はないと、にこにこして答えるだけなもので、かえって気になりましてねぇ」

林先生は、遠慮がちに清子についての最近の印象を話した。

「何か、おうちで気になることでもあったのでしょうか。私の見るかぎり、学校の中では格別の変化はないものですから——」

ともつけ加えた。言外に受け持ちの子供への優しさと思いやりが感じ取れる。明子は、我が子への担任の心配りに感謝した。

「有《あ》り難《がと》うございます。——特に、家庭の中でも最近変わったことというのもありませんが、四月からの家庭の中のことは先生にもお伝えしたとおりで、それ以外の変化は何もないのですが——」

と、明子は答えると、担任はうなずいて、

「そのことは清子さんもよく納得しているようでしたからねぇー」

と言った。明子に他の心当たりはない。

要因が思い当たらない

林先生の言う「そのこと」というのは、家庭の変化のことであった。明子の妹が思いがけない病気で二人の幼い娘を残して他界したのは、昨年の十二月のことだった。考えてもいなかった出来事だったが、残された二人の幼い子供の泣きじゃくる様子を見ながら、明子は「私が引き取って育てよう。そうすることがいちばんいい。それしかないだろう」と思った。夫に相談すると「私もそれがいちばんいいと思う」と同意してくれたし、義弟のほうも「そうしてもらえたら、本当に助かります」ということだったので、この四月から妹の子供を引き取ったのだった。子供が一挙に三倍になったわけだ。

明子は、二人の姪《めい》を預かって養育すること

になったとき、「三人とも同じように育てよう。自分の子供と分けへだてをしてはいけない。なんでも平等に、公平に育てよう」と心に誓い、夫とも話し合ってそのように努めてきたのだった。

「そのことが、かえって娘の清子を寂しい気持ちに追いやったのだろうか。――そうとは思えないのだが――」。そんな思いが、とつおいつ明子の心の中を揺らした。

「とにかく、清子の気持ちをとっくりと聞いてみよう」と思った。丁寧《ていねい》に礼を述べて学校を辞した明子は、その足で、日頃からいろいろと相談にのってもらって、指導を受けている横山先生のお宅を訪ねることにした。

横山先生は、社会教育の指導者として近在に知られる親しみやすい先生で、明子も夫もともに尊敬してやまない先生である。

物は分けられるが……

横山先生は、ひととおり明子の話を聞くと、こんなことを話してくれた。

「やっぱり、それは清子さんの寂しさが原因でしょう。あなたは、三人を平等に育てようと考え、そう努めていると話されたけれど、それはつまり、あなたのこれまでの愛情を三等分するということでしょう。そうすれば平等にはなるからね。しかし、物なら三等分できるけれども、心は三等分してしまったら、三人の子供さんのみんなが、それぞれあなたからもらう愛情が減ってしまうことになるでしょう」

ゆっくり、ゆっくり、横山先生は話した。

なるほど、そうか、と明子はうなずいた。

「子供というものは、そういうところは敏

感に感じとるものですよ。心や愛情というものは三等分してはいけない。三人の子供のそれぞれに百パーセントの愛を注ぐのが母親、父親のありようです」

「清子さんには今までどおりの愛情を、そして二人の姪御《めいご》さんにも、清子さんに注ぐと同様の愛情を注ぐというのが、大変かもしれないが、理想でしょうねえ」

明子は、横山先生のこの最後の言葉がすとんと心に落ちたような気がした。そういえば、「清子には今までのようなかわいがり方をしてはいけないのだ」という思いが心のどこかにあったことに、明子はふと気づいた。それでは清子がかわいそうだ。明子の悩みは晴れてきた。そうだったのか、と思った。清子の明るい笑顔が浮かんできた。

野口語録
NOGUCHIGOROKU

人の子の師となる者は、自らもまた「師」を持つべきである。優れた師について自らを磨きつつある日々は、つまりは自分が子供の師として足りているかどうかを常に振り返る日々となるからだ。

忘れられない家族旅行

父が受けた思わぬ災難からやっと立ち直りかけ、その門出の家族旅行は、楽しい思い出になるはずだったが……。

やっと家族旅行に行ける

「ようやく家族旅行ができるようになったね」

「長い夢でしたものねぇ。本当によくやってきましたね」

「おまえにもずいぶん苦労をかけた。有り難う」

「いえいえ、お父さんこそご苦労様でした。これでなんとか借金だけはなくなりそうですね」

吾郎と明子は、これまでの来《こ》し方《かた》をしみじみと振り返るように話し合った。ひょんなことから保証人になって判を押したばっかりに、思いもかけない被害を受けることになってしまった悪夢から、ようやく二人は抜け出せる見通しが立ってほっとしていた。その思い出に、二人の子供を連れて二泊三日のささやかな家族旅行に出かけようということになったのだ。

長男の吾一と長女の真佐子は、それぞれ小学校五年生と二年生になっていた。友だちが家族で旅行に行くなどという話を聞かされるたびに、吾郎も明子も辛い思いをしてきた。

連れて行ってもらえない子供もかわいそうだったが、連れて行きたくても連れて行ってやれない親の立場は、子供以上に辛いものがあった。

それだけに、「家族旅行に行こう」と吾郎が言い出したときの吾一と真佐子の喜びようは格別だった。

「本当？　本当に行くの？　嘘じゃないの？　ねぇ、ねぇ」

「夢みたいだ。嬉しいなぁ。どこに連れて行ってくれるの？　ぼく、そうしたら、作文を書くよ。入選するよ」

二人の子供の喜びようを見て、吾郎も明子も、心の底から嬉しくなった。鉄道に興味を持ち始めた吾一が、「コースは自分が決めたい」と言い出して、いろいろな本を見ながら、結局は能登半島めぐりをしようということに落ち着いた。二年生の真佐子には少し難しかったが、それでも、嬉しさが手伝ってか、兄の吾一の説明に耳を傾けながら、パンフレットや地図を何度も開いては夢を広げていた。そんな二人の様子は、二人の親にとってもまことに幸せな光景として映った。来し方の窮乏《きゅうぼう》生活と遮二無二《しゃにむに》働いてきたこれまでの生活とが思い返されて、二人は感慨無量だった。

出発の朝は、晴天

学校が五日制になって、土、日曜日が連休になり、子供たちの旅行はしやすくなった。家の仕事は青果店なので、なんとかやりくりすれば三日間ぐらいは店を閉められる。そのつもりで計画を立てようとしていたところへ、パート従業員の二人が、「なんとか店を閉めないでやってみましょうよ」と申し出てくれた。これも嬉しいことだった。店を少し早めに閉めれば、パート二人で三日間ぐらいはなんとか営業できるというのである。一日も休みなく開いてきたこれまでの十年の営みを崩さないようにという、パート店員の申し出が嬉しかった。

金曜日の午後だけ早退すれば、子供の勉強にもさしたるマイナスはない。二人の担任の先生もよくわかる方で、家族旅行の予定を話すと、早退の件を承知してくれた。嬉しさのあまり、吾一も真佐子も仲良しの友だちに旅行の話をしてしまったのだが、その話が次々に広がっても、誰もとがめだてをするような空気はなかった。むしろ、どの友だちも喜んでくれているようだった。

携帯電話もあることだし、店のほうもまず心配することはないだろう。二人のパートの店員さんも長いおつき合いのベテランだ。

出発の日はすばらしい晴天で、旅は順調なスタートを切ったのだった。能登を楽しむためには飛行機を使うほうがよいということで、家族の四人は羽田に急いだ。電車を降りてモノレールに乗り換えた。子供らは喜びを隠せず、これでは目的地に着くまでに疲れてしまうのではないかと親を心配させたほどだった。

すぐに引き返すんだ

小松空港から金沢に出て、その日のうちに兼六園を見学し、少し遅くなるが、それから和倉温泉まで行ってしまうという、初日は少し強行軍の日程を吾一は組んだのだった。夜なんか寝なくたっていいんだ、とさえ吾一は思ったほどなのだ。

すべては順調に進んでいた。家族はみんな楽しかった。幸せな気持ちで温泉旅館の朝食をとっていたときに、携帯電話が鳴った。吾一の担任の先生からの電話だった。吾一の最も仲良しの佐野君のお父さんが、事故で急死したという知らせだった。吾一は驚いた。つい先週も佐野君の家に遊びに行った。佐野君のお父さんも一緒になって旅行のアドバイスなどをしてくれたのだった。そのことが一遍に思い出された。

通夜は金曜日に済ませ、告別式は土曜日の午後三時に決まったとのことだった。佐野君は吾一の家にもよく遊びに来ていたから、みんな沈痛な気分になった。みんな黙った。

やがて、ぽつりと、しかしきっぱりと父親の吾郎が言った。

「旅行はやめよう。すぐに引き返すんだ。佐野君はどんなに悲しいかしれない。吾一はもちろんだが、お父さんも葬儀に行くよ。――さぁ、仕度《したく》だ」

吾一は、父親の言葉で涙を拭った。嬉しかったのだ。

子供たちを迎えた大焚き火

六年生四十人の子供たちは、村山先生の誕生会を先生の家で行うことになった。先生の父親が出迎えて……。

二月の誕生会は、先生の家で

「わあい！　賛成、賛成！」「大賛成だよ」

教室の中が歓声で沸《わ》き返った。拍手をする者、万歳をする者、立ち上がってガッツポーズをする者、みんな笑顔いっぱいだ。

六年二組の四十人の子供たちは、村山《むらやま》先生の受け持ちになってから、毎月の誕生会をとても楽しみにしていた。その月に生まれた友だちはその月の主賓《しゅひん》である。主賓席がしつらえられ、誕生祝いの手紙作文が製本されて一人ひとりにプレゼントされる。世界に二冊とはない心のこもった、本人にだけ与えられる贅沢《ぜいたく》な手づくり冊子である。

家に帰ってから、ゆっくりこれを読むのがとても楽しみだと、どの子にも好評だ。五年生のときに一冊、六年生になってもう一冊、たった二冊しか持てないのだ。だから貴重なのだとも言える。

誕生会には二校時分が使われる。作文集や先生のお祝いの言葉ももらえるセレモニーが十分間ぐらいあって、記念写真を撮り、あとはそれぞれの班による出し物が展開される。このときにはちょっとしたお菓子や飲み物も配られるので、子供たちは大喜びだ。あっという間に、二校時分の時が流れてしまう。

六年二組の子供たちにとって、毎月の誕生会をどのように企画するか、その相談の学級会もまた楽しい時間である。そして、二月の誕生会の企画をする会で、いたずら坊主の大野君が、「二月の誕生会のお客さんには村山先生も入るのだから、みんなで村山先生の家にお祝いに行って、先生の家で誕生会をしたらどうですか」という発言をしたのである。

一瞬みんなは「えっ？」というような顔をしたが、次の瞬間、クラス中が沸き上がったというわけである。村山先生もちょっと考えたようだったが、「いいでしょう」ということになったので、もう一度みんな大歓声を上げたのだった。

全員が自転車に乗って

その日の朝は特別に冷え込んでいたが、村山先生はいつもの出勤時間より少し前に自転車のペダルを踏んだ。クラスの子供たちを今日は自分の家に迎える。五年生のときには一時期クラスが荒れて困ったこともあったが、それがかえって幸いして今はどこにも負けないいいクラスになっている。一人ひとりどの子も愛《いとお》しく思われる。先生のペダルを踏む足には一段と力が入り、いつもより早く学校に着いた。

子供たちは、真冬の朝の八時前というのに全員が集合していた。挨拶の声が大きい。みんな笑顔いっぱいだ。校庭をもう自転車で五周もしたという子もいた。ウォーミングアップは十分というわけだ。「早く行こうよ、先生」という声に全員が賛成し、四十一台の古びた自転車は長蛇の列となって学校を出発した。

村山先生は、前になったり、後ろについたりしながら全員をリードして、ようやく先生の家に近づいた。自転車に乗っている間は、一所懸命ペダルを漕《こ》いでいるので寒くはないのだが、手の指も、足先も冷え切っている。風邪を引かせでもしたら大変なことになるなぁ、と村山先生はちらりと心配した。

大成功の誕生会

子供たち四十人が全員先生の家に着いたのは九時に近かった。子供たちが先生の家に着くとすぐに庭の真ん中に積み上げられた燃し木に火がつけられ、たちまち大焚き火《おおたびび》が燃え上がった。子供たちは歓声を上げて火を囲み、冷えた手や脚や背中を暖めた。

「やあ、みんなよく来たねえ」と言いながら、火をどんどん燃やしてくれたのは村山先生のお父さんである。ぱちぱちと火の粉を上げながら、真冬の大焚き火はよく燃えた。

村山先生は、父親のこの歓迎ぶりに心を打たれた。そんな相談はしていなかったことだからだ。父親もまた学校の教員で、そのときには校長の職にあった。村山先生はこの父親からいろいろな指導を受けている。村山先生の歩みに大きな影響を与えているのが、この父親の教員としての生き方だった。

そのうちに母親が用意してあった甘酒を振る舞ってくれたので、子供たちは腹の中まで温まることができた。この日の誕生会は冬晴れの好天に恵まれて大成功だった。

村山先生は、子供たちをもう一度学校まで送り届けてすべてを終え、満ち足りた思いで家路についた。

大 焚き火は誰のためか

「お父さん。今日は有り難うございました。寒かったから子供たちが大喜びだったよ」

村山先生は家に帰るとすぐに父親に礼を言った。

「それにしても、お父さんは本当に子供が好きなんだねぇ。あそこまでやってくれるなんて、考えてもみなかったよ」

と、村山先生が言うと、父親は笑顔で、

「それもあるけれど、本当はおまえが好きだからだよ。おまえが好きだから、おまえのクラスの子供を大事にしたんだ」

と言った。村山先生は、この言葉にはっとした。

とっさには応える言葉が見つからなかった。やがて、しみじみとした嬉しさが村山先生の全身を包んだ。

体操着を届けて

体操着を何度も忘れる六年生の健司は、ついに大野先生から家へ取りに行かされたのだが、母は……。

いつも忘れる体操着

「ああ、なんていい天気だろう」と大きく深呼吸をしてから、和子《かずこ》は洗濯物を干しにかかった。息子のシャツを干しながら、それがもう夫のものとあまり変わらない大きさになっているのにふと気づいて、「大きくなったものだ」と呟いた。生まれたばかりの頃の本当に小さかった印象を懐かしく思い起こし、それから保育園の頃のこと、小学校入学の頃のこと、そして、もう六年生にもなってしまったことなどが、次から次へと思い出されてきた。

洗濯物をもう少しで干し終える、というときに電話のベルが鳴り、和子は小走りに家に入った。「小学校の大野です」という明るい声に、担任の女教師の顔がすぐに思い浮かんだ。

「いつも、お世話になりまして、有り難うございます」と、和子も明るく応じたのだが、電話の内容はあまり嬉しいものではなかった。

健司《けんじ》君が何度言って聞かせても体操着を忘れてくるので、今日は家に取りに行かせる。

お母さんからもよく注意をしてほしい、という話だった。息子に甘く、かわいがってばかり育ててきたので、片づけはしないいし、忘れ物は多いし、宿題は怠《なま》けるし、いつも困っている。和子は、さっきまでの明るい気分がしぼんでいくのがわかった。

みんな私の責任だ

私の甘やかしが、息子の至らなさをつくってしまったのだ。息子に罪はない。私が悪いのだ。息子がいつも体操着を忘れていき、先生に叱られるのも、結局のところ子育て役の私の責任だ。

和子は、とりとめもなくそんなことを考えた。そして、先生に強く注意され、とぼとぼと忘れ物を取りに戻る息子の様子を思い浮かべると、息子が不憫に思われてたまらなくなった。夫にも申し訳ないことだと思う。和子は、うっすらと自責の涙さえも浮かべたのだった。

「そうだ。息子が取りに戻るというお昼休みの前に、私が届けてやろう。学校の近くのクリーニング屋さんに行く用事もあることだし……」

そう決めると、少し気分が明るくなったように思われた。きっと、息子はほっとするだろう。先生も喜んで下さるに違いない。

和子は、息子の体操着を揃えると、少しお洒落《しゃれ》な服に着がえて上天気の街に出た。学校は、歩いても十五分ほどの近さだ。先生に会ったら、お詫びをし、息子に渡して下さいとお願いしよう。そして、息子には、これからは忘れないようにと、私からも少しきつく言うことにしよう。

それは違うでしょう

学校はもうお昼に近く、給食のワゴンが廊下に運び出されていた。授業を終えた子供たちのざわめきも聞こえてくる。子供のいる学

校はいつも活気があっていい。和子は、自分が子供だった頃のことを思い出しながら気分を取り戻すように六年生の教室に向かった。

ちょうど授業が終わったときらしく、大野先生は黒板に掛けてある大きな地図を背伸びをしながら外していた。

「先生、ご苦労さまです」

と、和子が声をかけると、先生はびっくりして大きな目を向けた。事の次第を告げる和子の話をひととおり聞き終えると、大野先生は珍しくあからさまに不快な表情を見せた。そして、言った。

「それは違いますよ、小川さん。もう、健司君は六年生です。自分のことは自分が責任を持ってやるようにしなくてはいけません。健司君が、自分の不注意を反省して、自分で取りに戻ることに意味があるんですよ。お母さんがそれを届けてはいけないんですよ、本当は――」

和子は、「でも……」と、言いかけて口を噤《つぐ》んだ。「こんなふうに育てたのは私なんですから……」という言葉も呑《の》みこんだ。

「ごめんなさい、先生。でも、どうぞ今日のところはお許し下さい。息子には私からもよく話しますから、すみませんが、これを息子に渡して下さいませんか」

和子は、這々《ほうほう》の体《てい》で学校を辞した。大野先生の話もわかる。しかし、やはり釈然としない思いを残したまま家に向かった。〝私のしたことは子供にとって不適切だったことになるのだろうか〟。

第二章のまとめ

毅然とした態度で向き合う

ここには、親のありようや教師のありよう、あるいはその関係のありようをめぐる六篇の話が集められています。

「月謝を払ってるんですよ」に登場する若い母親は、いかにも今風です。「今風」というのは、残念ながら良い意味ではありません。ずばりと言えば「自己中心」ですが、さらにそのうえに「母性愛」の欠如《けつじょ》を感じさせる振る舞いです。自分の幼い娘が熱を出したなら、直ちに家で優しく看病してやるというのが、ごく普通の母親の気持ちではないでしょうか。

友だちとのランチを楽しむというのは、子供の発病に比べるとずっと軽いことですが、この若い母親はランチのほうを重視しています。本末、軽重を取り違えているのです。

園長の次の言葉は全くそのとおりです。

「私どもでもね、大事なあなたのお子さんをこのままお預かりするわけにはいかないんですよ。もし、もっと悪くなったりしたら、とても責任を持てませんから」

私が園長だったら、やはりこう言うでしょう。

これを聞いた若い母親は早口になり、言葉をきつくして言い返しています。ここにその言葉を繰り返しはしませんが、これはもうモンスター・ペアレントにかなり近い母親と言えるでしょう。こういう親が珍しくなくなり、増えつつあるようで心配です。

さて、このような事態をそのままにしておいていいはずはありません。こういう考え方の親を正していかなくては、日本の教育、日本の社会、日本という国家はだんだん崩れていくことになります。「学級崩壊」のような事態が進めば、「家庭崩壊」、「社会崩壊」、「国家の崩壊」さえもが生じかねません。このような身近に起こる、いわば小さな出来事を軽く見ないで、そこに潜む重大性を認識しなければなりません。

具体的には、このような出来事に対しては、園長も教員も毅然《きぜん》とした態度を取らなくてはいけません。「子供を預からない」ということではありません。この場面では、とりあえず親の要求を入れなくてはいけないでしょう。当面の措置としては適切であったと思いますが、問題はその後です。このままにしておけば、必ず園は甘く見られます。「強く言ったら、預かったわよ」というようなことになったら、園の敗北、教育の敗北になりかねません。

このような残念な事態を再び生じさせないように、園の便りや保護者会を通じてきちんとあるべき常識、園の態度を表明しなくてはいけません。園便りにはむろん個人名などは出しませんが、そのような配慮をしてもなおこのような母親は、「私に恥をかかせた」などという抗議を持ち込むかもしれません。そういうときこそ、管理職の出番です。親の言い分の身勝手さをきちんと指摘し、世の中の常識や園の立場をわからせるべきです。

このような小さなことの正しい善導が継続し、蓄積されることによって、徐々に健全な常識が回復していくことになるのです。事勿《ことなか》れ主義の保身的な対処を園が続ければ、この世の中はだんだん変な方向にねじれてしまいます。そして、このような毅然たる態度を取ることは、何も園長という管理職だけに固有の義務ではありません。実は、一人ひとりの保護者が、一人の市民として園長と同様の考えと行動を取れるように努めることがたいせつです。そういう市民集団の中であれば身勝手な振る舞いは許されず、お互いが節度のある健全な仲間に育っていけるはずだからです。

第三章
思春期の子にどう接するか

第三章の序

思春期の子育て三ポイント

子供は、日に日に成長を続けます。子供だ、子供だと思っているうちに、いつの間にか親の考えに従わなくなったり、反抗的になったり、内に籠《こも》りがちになったりという変化を見せてきます。それは、親にとっては必ずしも嬉しいことではなく、「小さいときにはあんなにいい子だったのに——」というような溜め息を、ふと洩《も》らしたりすることにもなりかねません。

しかし、一般的には心配ご無用です。それはどの子にも見られる「反抗期」の現象であり、そのほとんどが「一過性の成長途上現象」だからです。さらに言えば、むしろそれらは「喜ぶべき成長」の一つの証《あかし》でもあるからです。

反抗期の一つの特徴は、「潔癖《けっぺき》」になる時期ということです。潔癖は、「不潔や不正を極度に嫌うこと、またそういう性質」と辞典には説明されていますが、それは青年前期に特徴的に表れてくる傾向です。世の中や社会の本当の姿を知りたいという強い潜在欲求の表れなのでしょう。これまでは親や先生の言うことには、だいたい「ハイ、ハイ」と素直に従ってきたのですが、自分の眼《め》や考え方からすると「どうもおかしい」ということにも気づいてくるのです。そうして、大人の胸を借りてぶつかりながら自立、自主の生活力を身に付けていくのです。

思春期の子育てで重要なことを、三つ書いておきましょう。

＊第一は、大人が「ゆとり」を持つことです。「ははあ、成長しつつあるな」というゆとりで、おおらかに見守る心の広さがたいせつになります。神経質になって小競《ぜ》り合《あ》いをするのは有害無益、ぜひやめるべきです。

＊第二は、許せないときには毅然と、敢然《かんぜん》と立ち向かい、親の権限を見せつけることです。退いて負けると甘く見られ、大人に失望感を抱かせることになるからです。

＊第三は、友だち関係を良好に保つことです。この時期に悪い友だちと仲間になって身を持ち崩していく例は、いっぱいあります。「朱に交われば赤くなる」の教えのとおり、良い友だちと結ばれれば良い子として成長しますし、悪い友だちと結ばれれば、どんどん悪の道に外れていく恐れがあります。

この三つに注意して、良い成長をさせてやりましょう。

土曜の夜はちびっこカレー

毎週土曜日は母親が出かけるため、三人姉妹が協力して夕食の支度をすることになった。家族一同の夕食で……。

お母さん、帰りが遅いよ

「お母さん、もっと早く戻れないの」。三年生の宏子さんが不満気《ふまんげ》に言うと、「そうだよ、お腹が空いちゃうよねぇ」と、二年生の洋子さんも口をとがらせた。すると、五つになった晶ちゃんも「いつも、土曜日はお腹ぺこぺこだよ」と、同じように口を揃える。

三人娘のお母さんは、毎週土曜日には生け花の稽古《けいこ》のために二時間もかけて千葉市に出かけていく。帰りはどうしても夜の六時、七時になってしまう。しかし、お母さんにしてみると、普段は田舎《いなか》で田圃《たんぼ》や畑の仕事に忙しいので、週に一度の都会での生け花の稽古はとても楽しみなのだった。子供の言い分もわかるけれど、「週に一度だけはちょっと我慢してよ」という気持ちが強い。「ごめん、ごめん。なるべく早く戻るようにするけれどねえ……」と言葉を濁したのは無理もないことだ。

三月も下旬に入り、ようやく寒さも遠のいて、ぽかぽかとした感じの日曜日の朝食後のひとときである。

「そうか、おまえたちもだんだん大きく

なってきたから、お腹も空くだろうなあ。なにしろ、ぐんぐん、ぐんぐん育つ時期だからねえ」

と、お父さんもこの話に加わった。お父さんは、困ったというよりも、むしろ嬉しそうな表情である。お母さんは、「すみませんねえ」と言いながら、軽く頭を下げた。

「いや、いや、謝ることはない。週に一度の母さんの楽しみも大事にしなくちゃいけないよ」

と言って、お父さんはコーヒーをうまそうに一口飲んだ。それから、

「もう、来年は宏子も四年生になるなあ。お父さんは、四年生のときにはもう牛を使って一人で田圃を耕すほどの仕事ができた。小さいときにいろんな仕事をしておくと、大きくなってからなんでもできるようになる。どうだい、おまえたちも、お母さんを助けてみたら」

と、にこにこしながら娘たちに言った。

三人姉妹は、「どうすればいいの」という面持ちで、一斉に父親を見つめた。

夕食作りは、ちびっこ三人で

お父さんは、また、うまそうにコーヒーを一口すると言った。

「つまり、土曜日の夕食の支度はおまえたちでするんだよ。お母さんが家に戻ってくると、娘たちの作った食事が待っているという寸法だ。どうかね」

三人の子供は一瞬黙ったが、「うん、面白《おもしろ》そう！」と、長女の宏子さんが目を輝かせた。

「できるかなあ」と五つの晶ちゃんは少し心配そうだ。「何を作ればいいの」と、洋子さんがお姉さんの宏子さんに尋ねると、

「カレーがいいよ。カレーなら三人でできるでしょ。お母さんのお手伝いもしたことがあるもん」

すると、お父さんが言った。

「うん、それは名案だ。その気になってお母さんに作り方を一度教えてもらうといい。お父さんもお母さんも、娘たちの作ってくれたカレーをご馳走《ちそう》になれるのは、とっても楽しみだ。早速食べたくなってきたなぁ」

みんなが最後の言葉で一斉に笑った。三人ともかなりその気になったようである。お母さんも「じゃあ、お母さんがカレー作りの先生になります」と言って、ぽんと胸を叩いた。

ポークからビーフに挑戦

土曜の夜の食事は三人娘が引き受けて作るようになった。献立は当分の間カレー・オンリーである。

「よくできた。うまい、うまい。なかなかの腕前だ」

と、お父さんは大満足である。お母さんも上機嫌で「おいしい、おいしい」と目を細める。

何回かのカレー作りを重ねたある夜、宏子さんは、

「褒《ほ》められるのは嬉しいけど、もっと腕を上げたいから改善点も教えてよ。味つけだとか、固さだとか——」

と、責任者らしいことを言った。

「じゃあ、かなり腕を上げてきたから、こ

んどはポークからビーフに格上げをしてみるかい」

と、お父さんはビールを片手にお母さんに話しかけた。

「そうですねえ。せっかく娘たちが頑張ってくれてるんですから、じゃ、この次はビーフで作ってもらいましょうよ」

「すっごーい。じゃあ、来週は牛肉のカレーに挑戦だね。頑張ろうぜ」

と、次女の洋子さんが言うと、宏子さんも晶ちゃんも立ち上がって「オーッ」と応えた。笑い声がテーブルを包んだ。

子供に有り難う

「よかったねえ、子供たちに土曜日の夕食を作ってもらうようにして――」

「本当に助かります。おかげで私も楽になっただけでなく、土曜日の夕食がとても楽しみになってきましたよ。今夜はどんなカレーかな、って――」

「子供ってのは、どんどん家の仕事に参加させたほうがいいんだよ。いい経験になるばかりじゃない。家族の一人として役に立ってるって実感を持つからねえ。俺も小さい頃から、よく田圃の仕事を手伝ったもんだ」

「私もそうでした。中学生のときには一人で藁筵《わらむしろ》を織りましたもの」

三人娘はもう寝入っている。蛙《かえる》の声が田圃から時々聞こえてくる。すでに春も真っ盛りである。

七夕祭りの願いごと

清江・澄代・道子の三姉妹は父に頼んだ笹竹で七夕飾りを作って短冊に願いごとを書いた。そして七夕の朝……。

七夕飾りは、お祝い

三人娘の真ん中の澄代《すみよ》は小学校の三年生。夕ごはんの仕度に忙しい母親の令子に、

「ねえ、お母さん。七夕《たなばた》の笹の葉飾りはなんのためにするの」

と尋ねた。令子は、味噌汁の具にする葱《ねぎ》をきざむ手を休めて、

「それはね、お祝いなのよ。天の川の両岸に住む牛飼いの牽牛《けんぎゅう》という若い男の人と、機《はた》織《お》りをしている織女《しょくじょ》という素敵なお姫さまとが、一年にたった一度会える日が七月七日なの。それで二人のデートをお祝いして、清々《すがすが》しい笹竹にお祝いの言葉を書いて届けるのよ」

と答えた。澄代はにっこりして、

「いいお話ね。じゃあ私たちもお祝いの笹の葉飾りを作ろうかなあ」

と呟いた。

「それがいいわ。それからねえ、願いごとを短冊《たんざく》に書いて吊るすと、牽牛と織姫とがその願いを叶《かな》えてくれるそうよ。何か一つお願いしてみたらどう？」

令子はそう話すと、また忙しく葱をきざむ

音を立てた。〃そうかあ、じゃあ、お願いごとも書こうかなあ。何を頼もうかなあ〃と、澄代は心の中で呟いた。

七 夕飾りを作ろう

姉の清江は五年生、妹の道子は五つになる。澄代は、二人に母親から聞いた話を伝えて言った。

「ねえ、七夕飾りを作ろうよ。お願いごとを書くと叶えられるんだって……」

「たしか、一昨年も七夕飾りを作ったわよね。そのときは何をお願いしたかなあ……」

と清江が言うと、

「今年はみんなで相談してお願いごとを書こうよ」

と、道子が生意気なことを言った。

「そうね、そうしようか」

と、清江がすぐに賛成した。

そんな話をしているところへ、畑仕事を終えた父親がちょうど戻ってきたので、清江が頼みこんだ。

「お父さん、お願いがあるの。明日は七夕でしょ。笹飾りを作りたいの。裏山から小さい笹竹を一本切ってきて」

「お願いしまあす」

と、澄代と道子も口を揃えたので父親も断れなくなってしまった。

「よし、よし。じゃあ、すぐ切ってきてやろう。そのあいだに願いごとを考えておくといいよ」

そう言って、父親は少し暗くなり始めた裏山に鋸《のこぎり》を持って出かけた。

このやりとりを聞いていた母親の令子は、

仕事の手を止めて三人の娘に少しあらたまって言った。

「本当の短冊はね、色紙に墨で書くのよ。マジックやボールペンで書くんじゃないのよ」

「へえ、そうなの。わかったわ。じゃあ、墨を磨《す》ってちゃんと筆で書こうよ。せっかくのお願いごとなんだから」

と、姉の清江が言うと、二人の妹もにっこりとうなずいた。

父親の切ってきた笹竹は瑞々《みずみず》しく、部屋の空気を清々しくさせるようだった。

「わあい、きれい、きれい、きれい！」

と、三人娘は手を叩いて笹竹を迎え入れた。

願いごとを墨で書く

食事の後、三人娘は子供部屋に入りこんで、相談を始めた。

「本当に頼みたいことがいいんじゃない」

「そうよ、そうよ。いい加減な願いごとじゃだめよね。第一それじゃ、牽牛と織姫に失礼だわよ」

「そうなると、やっぱり私たちのことよりも、お父さんやお母さんのことかもしれないね」

「私たちのことだっていいんじゃないの？」

「もちろんそうだけどさあ、私たちがお願いをして、お父さんやお母さんが幸せになってくれたら、結局、私たちも幸せになるでしょう？」

「じゃあ、そういうことも入れるし、私たちのことも入れるしってことでどう？」

「そうしよう、そうしよう」

三人の考えがまとまったところで、清江が

硯《すずり》と墨を出し、澄代が筆を用意すると、いちばん下の道子は短冊を出し、水を取りに台所に行った。準備はてきぱきと進んだ。

その晩、三人娘は十時半近くまでかかって、わいわい、ぺちゃくちゃと楽しげに喋りながら短冊を書き上げ、糸を通して笹竹に飾り終えた。すっかり終わると、清江が代表して、

「七夕は明日だから、明日までは絶対に見ないでね」と両親に伝え、三人は笹飾りと一緒に眠った。

三人の願いごと

七月七日の朝は、上天気で明けた。

娘たちは朝食の前に、笹竹を三人で軒先に捧げた。短冊の言葉はいろいろだったが、次のような「願い」も書かれていた。

- 神様、お父さんとお母さんの夫婦げんかをお許し下さい。
- 二人をいつも仲良くさせてね。
- お金がないと言わないで。
- 野菜の値段が下がりませんように。

それを読んだ二人の親は顔を見合わせて苦笑し、やがてみんなが笑い出した。

野口語録
NOGUCHIGOROKU

他者の喜び、他者の幸せを願う人は、自分の喜び、自分の幸せをも手に入れることができる。反対に自分の都合、自分の喜び、自分の幸せばかり考えている人は、いかにも幸せになれそうに見えるが、決してそうはならない。「自己中心」の心を反省し、誰からも愛される人になろう。

元気で学校へ行くんだぞ

多忙な父親とすれ違いが多い四年生の美枝子は、友だちの家の話を聞き不満を募らせたが、母は美枝子に……。

忙しくなった父親

何かの拍子に、それぞれの家の父親についての話になった。

「うちのパパはさあ、お店が忙しいときにはもちろん駄目だけどね、ちょっと手が空くと、よくキャッチボールをしてくれるよ。わりとうまいんだよねぇ、ピッチングもいいし……」

と言って、球を投げるまねをしたのは青果店の良夫だった。それを聞いて、

「うちの父さんはさあ、少年野球を教えてんだよ。毎朝だからちょっと辛いけど、僕も一緒にやってるんだ」

と話したのは、銀行マンの息子の秀明だ。

「うちのパパはね、料理がうまいの。時々、夕飯を作ってくれるの。チャーハンが得意メニューなの。すごくおいしいのよ」

明子も話に入って賑《にぎ》やかになった。四年生の教室での昼休みのひとときである。

美枝子《みえこ》も話の輪に入りたかったが、あいにく話すような種がなかった。みんなの話を聞きながら、子供とよく一緒に遊んだり、食事ができたりする父親がいる友だちの家の様子

をうらやましく思った。

美枝子の父親は、長距離トラックの運転手をしている。今年になって会社でリストラがあったとかで、忙しさがぐんと増したと話していた。リストラに遭わないだけでも有り難い、とも言っていた。

しかし、美枝子が目を覚ます頃にはもう父親はいないし、夕飯のときにもほとんど戻ってきていない。今年になってからは、朝も夜も食事は母親と一年生になった弟との三人と決まってしまった。仕事の都合で、土曜も日曜も決まって休めるわけではない。

たまに休みがとれても、別の部屋でぐっすり寝ていることが多い。美枝子はみんなの話を聞きながら、ちょっと寂しくなった。

父親のいない夕食

今夜も父親のいない夕食だった。それはいつものことなのだが、今日は友だちの家の話を思い出して、美枝子は黙っていられなくなった。

「ねえ、お母さん。うちのお父さんは朝の食事のときでも、夜の食事のときでもほとんどいないよねぇ。せっかくこんなにおいしい料理をお母さんが作ってくれるのに、いつもいないなんて寂しいね。もう少し、なんとかならないのかしら……」

「そうだよね。ここんとこ全然お父さんに遊んでもらったこと、ないよ……」

弟の勝《まさる》も少し口をとがらせて言った。勢いづいて二人の子供は、忙しすぎ、疲れすぎの父親への不満をしばらく口にした。

子供の不満や不平を聞きながら、それも無理からぬことだろうと母親の静枝《しずえ》も思った。妻の自分でさえ、夫の多忙と疲労が身体に障《さわ》りはしないかといつも案じている。そして、近頃夫婦の会話も少なくなりがちであることにも、寂しさを感じている。このままの状態が今後ずっと続いていくとしたら、先行きあまりいいことにはならないような気さえする。今夜も帰宅はかなり遅くなるであろう夫の顔を思い浮かべて、静枝はなんとも言えない気分になった。

朝の出がけの父親

〝しかし……〟と静江は思った。早朝、家を出て行くときの夫の様子がふと思い浮かんできたからだ。

夫は、子供たちが眠っている間に家を出る。朝食は会社でとるからと、静枝の作った弁当をぶら下げて出かけるのだが、夫は家を出るその前に、必ず子供たちの部屋に立ち寄っていく。美枝子と勝の右手をそっと握って、「行ってくるよ」と声をかける。それから、二人のおでこに軽く手をあてがって、

「元気で学校へ行くんだぞ」と言い残してから家を出る。

車に乗ってエンジンをかけ、シートベルトをかけると必ず運転席の窓ガラスを下ろす。静枝に「じゃ、頼むよ」と声をかけ、軽く手を振ってから発進する。

出かける朝は、判で押したように夫はそうしている。静枝はこのことを子供に伝えなくてはいけなかったのだ、と気がついた。

子供たちは、父親への不満をひとしきり喋ると、あとは黙って食事をしている。静枝は、

「でもねえ――」

と、微笑みを浮かべて二人に話しかけた。

「仕事に出かける朝のお父さんの様子をあんたたちには話してなかったわよねぇ」

二人の子供は、母親の眼《め》を見つめた。

「お父さんは、出かける朝は必ずねぇ……」

と、静枝は夫の出がけの様子をゆっくり話して聞かせた。二人の子供は、途中から箸《はし》を止めて母親の話を聞いた。


「そう？　本当にそうなの」

「知らなかったよ、そんなこと……」

二人の子供は母親に問い返し、母親は、

「そうなのよ。必ずお父さんはそうやってから出かけていくの……」

と、二人の子供の眼を見つめながら答えた。そのとき、ふっと静枝は目頭が熱くなるような気がした。

「そうかあ、お父さんは優しいんだ！」

勝の少し大きな声に、美枝子も静枝も明るく笑った。

野口語録
NOGUCHIGOROKU

少子家庭のためだろうか、どうも子供たちが心身ともにもろくなっているようだ。社会的にも保護に偏した子育て教育が広まっているように思われる。将来のことを思えばもっと「鍛える」という側面が必要ではないかと思う。

窓ガラスを割っちゃった

割った窓ガラスを自分で弁償したいという明男に手を焼いた母は、思い余って担任と校長に相談することに……。

小 小遣いで弁償したい

「いやだよ、お母さん。僕が学校のガラスを割っちゃったんだから、僕は僕のお金で弁償したいんだよ」

「わからない子ねえ。あんたはおっちょこちょいなのよ、小さいときから。だから、そんなこともあるだろうと思って、お母さんはちゃんと保険に入っておいたの。ガラスを割ったり、友だちに怪我をさせたりすることがあるといけないから保険に入ったんじゃないの。ちゃんと保険金が下《お》りるんだから、それで弁償すればいいのよ」

「いやだってば、お母さん。僕は自分で責任を果たしたいんだよ。校長先生の話したとおりにしたいんだから」

「わかったわよ。じゃあお母さんは担任の先生に話しに行きます。もう、いいわ」

学校から帰ってくるなり、五年生の明男《あきお》が誤って教室の入り口の窓ガラスを割ってしまったこと、一万円ぐらいかかるらしいこと、そのお金は自分の小遣いから弁償するから、お母さんは心配しなくていいことなどを話したのだ。悪いことをしたのに、あんまり落ち込んでいないばかりか、なんとなく晴れ晴れとした表情で話す明男に、母親は少し戸《と》惑《まど》った。

なんでも、新しい校長先生が「公共物を大切にすること、壊してはいけないこと、万一そういう過失があったら親に頼むのではなく、自分のお金で弁償すること、普段から万一に備えて、そのくらいの金は準備して貯めておくことが望ましいこと」などを全校集会で話したというのである。そういえば、いつか同じようなことをＰＴＡの総会の折に校長先生が話していたような気がする。

それはそれで一つの筋が通った話には違いない。しかし、わざわざ保険に入っている権利を捨ててまで、その考えに従うべきなのだろうか。そうまでしなくたっていいのではないだろうか。母親は釈然としないまま、担任の先生にも聞いてみることにしたのである。

経済論と教育論

「どうなんでしょうねえ、先生。親の私の考えは間違っているのでしょうか」

そう問われて担任の鈴木教諭はどう答えたらいいのか即断をしかねた。「これは、校長先生に相談するのがいい」と思いついた彼女は、母親を待たせて校長室に向かった。

事の次第を黙ってうなずきながら聞いていた校長は、やがてにっこりして言った。

「面白い話だねえ、鈴木先生。これはいい話だよ、なかなか――」

「はぁ？　どこが面白いんですか」

「つまりさ、お母さんは経済論の立場に立って考え、結論を出そうとしているんだ

ね。経済論の立場に立てば、お母さんの考えのほうが正しいよ。いっぽう、子供のほうは教育論の立場に立って、結論を出そうとしている。経済論的に見れば、子供の考え方は明らかに不合理だ。しかし、彼のこれからの長い人生を考えれば、社会的な失敗や過失を犯したときには、どう個人として対処すべきかということを学ぶ絶好のチャンスだということもできるでしょう」

鈴木教諭は、いちいちうなずきながら校長の話を聞いていた。鈴木教諭の表情もだんだん明るくなってくるように思われた。

「校長先生、よくわかりました。とてもいいお話を有り難うございました。今のことを早速お母さんにお伝えしてみます」

にっこり笑うと、彼女は軽い足取りで校長室を出て行った。

負けたのになんだか嬉しい

「――というお話でした、校長は」

鈴木教諭はかいつまんで校長の話を伝えた。母親もまたうなずきながら聞いていた。そこには、もう重苦しい雰囲気はなかった。微笑みさえ浮かべているように見えた。

「先生、有り難うございました。経済論と教育論という校長先生のお話は、私にもとてもよくわかりましたわ。この際、私は親として当然教育論としてこの問題を考えなくてはいけないと思います。正直なところ、保険金のことはちょっと惜しいなという気持ちもありますが、明男の今後を考えることのほうが大事だと思います。やっぱり私、先生のところに来てよかったわ。すっきりしました、お陰さまで」

「有り難うございます。私もいい勉強をさせていただきました。明男君もきっと喜ぶと思いますよ。子供の正義感というものもたいせつですからね」

「そうですよね、本当に」

母親は、いそいそとした足取りで学校を去った。それを見送る鈴木教諭の気持ちも明るかった。清々しい気持ちになって、彼女は両手を広げてぐんと背伸びをした。

教室に戻って、鈴木教諭は少しの間眼《め》をつむった。すると、あのお母さんと明男君の会話が聞こえてくるような気がした。

「明男、お母さんの負けだわ。あんたの考え方のほうが立派です。でもね、お母さんは負けたのに、なんだかとっても嬉しいの」

「勝ちも負けもないよ、お母さん。ああ、よかった」

明男君の声も弾んでいるように聞こえた。

野口語録
NOGUCHIGOROKU

ガラスを割ったら子供の小遣いで弁償させることだ。学校の予算の中でガラスをとり替えるのと、一体どちらが教育的だろうか。小遣いで弁償すれば、「悪いことをした。こんなにかかるのか。迷惑をかけた。二度としないようにしよう」と反省するだろう。

おはようございます！

五年生の明に、爺が朝の挨拶をしたのだが、明は振り向きもしなかった。爺はもう一度声をかけると……。

挨拶をしろ、挨拶を！

〝おっ、早く起きて自分の靴を洗っている な。感心なやつだ〟と、爺《じい》は思った。五年生の明《あきら》が、汚れた上靴を風呂場でゴシゴシと洗っているのだ。

「やあ明、おはよう！」

と、爺は明るく声をかけた。が、明は振り向きもしないで上靴を洗い続けている。もう一度、爺はさっきよりも大きな声で明に「おはよう」と言った。が、明の返事はない。聞こえていないはずがない。これは、明らかに無視だ。そうとしか思えない。

爺は、些《いささ》かムッとした。ふざけてる！ と思った。が、念のためにと、もう一度、心を抑えて明るく「明、おはようっ」と、言ってみた。しかし、明は背を向けたままだ。

「アキラァッ！」と、爺が怒鳴《どな》るのと、明の首根っこをつかんだのと一緒だった。「挨拶をしろっ、挨拶をっ！」と叫びざま、つかんだ首根っこを揺さぶった。首根っこを揺さぶられて、明は頭をガクガクさせながら小さな声で「したよぉっー」と悲鳴を上げた。荒らげた声の大きさに、婆《ばあ》が飛んできた。明の首根っこをつかんだ爺の腕を引きはがすようにして、婆が爺を怒鳴った。

「何を大きな声を出してるの。みっともない。朝から何を怒ってんのよぉっ」

「明が、挨拶もしねぇから怒ってんだ。挨拶が大事だってことぐらい承知してんだろ」

と、爺は怒りをいっそう露《あら》わにした。

明は、洗いかけの上靴を叩きつけて、その場を離れようとした。爺は、「アキラッ！」と叫んで再び首根っこをつかまえると、「謝れっ」と命じた。

そして、婆に向かって強く言った。

「止めるな。大事なことだ。こういうことはきちんと教えなくちゃあいけないんだ。やたらに甘やかすんじゃねぇぞ」

さすがにこの言葉に婆もうなずいて、

「明、ちゃんと挨拶をしなさい。さあ」

と促したが、明は強い不満の表情で謝ろうとしない。口をへの字に結んでいる。

これが昔のことだったら

騒動を聞きつけて、明の父親と母親もその場にやってきた。爺は、どうしてこういう事態になっているのかを、手短に説明した。明は、爺の説明に口をはさむことはしなかった。

「わかりました。私たちから、よく話します。この場はひとまず、私たちに任せて下さい」

と、母親が言った。父親も同意して「すみません」と頭を下げ、明の肩を抱くようにして引き下がった。明は少し落ち着いたようで、不満の表情を残してはいたが、そっと涙を拭いた。

あとには、爺と婆の二人が残った。

「あんなに怒鳴らなくたっていいのに、朝っぱらから——」

と、愚痴《ぐち》っぽくまた繰り返す婆に、爺は、

「それは違うっ。こういうことはいいかげんにしちゃあ駄目《だめ》なんだっ！」

と、強くつっぱねて婆をたしなめた。その剣幕に、婆は不快な表情ながら沈黙した。

爺は、幼い頃の自分に思いを巡《めぐ》らせた。自分にはこういう思い出はない。もしもこんなことがあったら、父は何も言わずに私を張り飛ばしただろう。間違いなくそうしたと思う。それがわかっているから、いつだって誰に対しても、自分は明るい挨拶をしていた。だから、いい挨拶ができるとよく褒められたものだった。

返事についても同様だった。明らかに、地震、雷、火事の次に恐いものは親父だった。そういう厳しさの中で、自分たちの世代は育てられ、鍛えられ、甘えを許されずに育ったものだった。

それに引きかえ、今の子供たちは、何一つ不自由のない中で、優しい親や教師に囲まれ、テレビとゲーム三昧《ざんまい》の時を過ごしている。一見、自由で楽しくて苦労がなくて、結構づくめのように見えるけれど、それが果たして子供たちの人生を幸せにすることになっていくのだろうか——。

爺は、とりとめもなくあれこれ思い迷いながら、黙ったままの婆と、会話に乏しい朝食をとった。先の話には触れまいと思った。

ごめんなさい、お爺ちゃん

食後のお茶を飲んでいるところへ、父親と母親が明を伴って現れた。明は、

「お爺ちゃん、さっきはごめんなさい。今度から、大きな声で、ちゃんと挨拶をします。すみませんでした」

と、はっきりした口調で謝罪をし、きちんと頭を下げて詫びた。

爺は、明を引き寄せると、

「えらい、えらい。よく、立派にお詫びができた。謝れる子は勇気のある子だ」

と、大きな声で褒めた。そしてもう一度、

「明、おはようっ」

と、元気な声で挨拶をした。明はにっこりして、今度は爺よりも大きな声で、「おはようございまぁすっ」と言って胸を張った。

「よしっ、大合格ぅーっ」と、爺は明の肩をパンパンと叩いて励ました。婆が笑いながら、そっと目頭を拭いた。

野口語録 NOGUCHIGOROKU

返事の仕方、挨拶の仕方、先生や親に対する子供としての応対のあり方、靴の脱ぎ方、揃え方、礼の仕方、口の利き方、そういう基本の基本をきちんとすることである。「一事が万事」と古諺《こげん》でも教えているように、「基本的生活習慣」の乱れが大事に及ぶのである。

平手打ち

中学生の昌一郎は、洗濯をめぐって母の里沙に不満を抱いた。ついにワイシャツを母の顔に投げつけた……。

中 学生気分

小学生のときには制服のない学校だったので、毎日いいかげんに自分の好みの服を身《み》繕《つくろ》って着ていけば、それで毎日が過ぎていたのだが、中学生になったとたんに、制服で登校しなければならなくなった。自分で毎朝着ていく服を選ばなくてもいいぶん、同じ服装で通学しなければならない窮屈《きゅうくつ》さが生まれた。真新しい中学生の制服に身を包んだそのときには、急に大人に近づいたような気になったものだ。

ついこの間まで一緒に遊んでいた一年下や二年下の友だちが急に子供っぽく見えるのが、自分にもちょっと不思議に思われた。そしてわずか一年か二年しか違わない中学の二年生や三年生が妙に頼もしく見え、それは「先輩」という言葉の響きと重なって、いささか恐ろしくも思われて緊張したものだ。

あの緊張感もいつか薄らいで、ヘルメットをかぶって、真新しい自転車に乗っていく通学が日常になった。中学生が板に付いたという感じになり、昌一郎《しょういちろう》は、新しい友だちとも打ち解けた日々を過ごしていた。

小学生の頃には、お父さん、お母さんと呼んでいたのに、友だち同士の会話では、「オヤジ」「オフクロ」という言い方が普通になってきた。上級生は「先輩」と言い、「ぼくの兄さん」は「オレんちのアニキ」という言い方が、もうこの頃では気にならなくなっていた。少しずつ成長していく自分に、昌一郎も気づいていた。

許せない不潔

もともと汚《きたな》いものや汚《よご》れが気になるほうだった昌一郎は、近頃母親のすることのいちいちが、どうも少しずつ手抜きをしているように思えて、腹立たしく思っていた。シャツや下着はもっぱら母親が洗濯をしてくれるのだが、ワイシャツの袖口や襟《えり》の汚れがどうもとれていない。うっすらと汚れている。

「母さん、もう少しきれいに洗ってよ。汚れがついたまんまだよ」と、昌一郎は何回か母親の里沙《りさ》に苦情を言ったのだが、里沙は笑いながら、「そのくらいきれいなら十分よ。母さんだって忙しいんだからね。クリーニング屋さんのようなわけにはいかないわよ」と、とり合わない。それがまた昌一郎には気に入らないのである。

いつか、もっと強くオフクロに言ってやろう。そうしないといつも薄汚れたものを着せられちゃうから――、と昌一郎はたびたび考えていた。その度にいつもパリッと洗い上げたシャツを着てくる友だちの修君の顔を思い浮かべるのだった。

不満が爆発

夕食も済み、風呂から上がった昌一郎は、タンスの引き出しを開けて、明日着ていく下着とシャツを取り出してカチンときた。

「汚れてる。ひどい！」

昌一郎はワイシャツの襟を見て呻《うめ》いた。

「あんなに頼んでいるのに！」という思いが噴《ふ》き上がった。ワイシャツをつかむと、昌一郎は大きな声で言った。

「なんだよぉ、母さん。いつも言ってんだろ。汚れてるよ。見てみろよっ。こんなの不潔で着ていけるかよぉっ」

そう言いざま、ワイシャツを激しく里沙の顔めがけて投げつけた。

さすがに里沙も立ち上がり、

「何言ってんのよ。そのくらいきれいなら十分だわよ。お父さんだって、私だってみんな同じ洗濯機で洗ってんのよ。神経質もいい加減にしなさいよっ」

と、負けずに言い返した。

「うるせえっ。修君なんて、いつもパリパリのシャツを着てくるんだぜ。こんな薄汚ねえシャツなんて、一度だって着てねえよっ」

「薄汚いとは何よっ。そんならあんた、自分で洗いなさいよ。気に入るように一晩でも二晩でも洗ったらいいじゃないの」

いつ来たのか、父親の昌文《まさふみ》が二人が言い合いをしている場に姿を見せていた。昌文は、何も言わずにじっと二人の言い争いを聞きながら、食卓の椅子《いす》に腰を下ろしていた。それを見ると昌一郎は、〝ここで引き下がってはいけない。絶対に自分の言い分のほうが正しい〟と思えてきた。母親のいい加減さを直すチャンスだとも思った。

「だいたい母さんは不精者《ぶしょうもの》なんだよ。不潔なんだよ。やんなっちゃうよ、全く……」

と、昌一郎が言い終わらぬうちに、

「バカヤローッ」

と大声で言いざま昌文が立ち上がったのと、バシーンという音がしたのと、昌一郎の顔がかあっと熱くなったのと、みんな同時であった。

そして、次の瞬間、シーンとなった。物音も、人の声も消えた。

父親の言葉

里沙は声を殺して泣き出し、昌一郎は殴《なぐ》られた顔を押さえ、昌文は両腕を組んで椅子に腰かけていた。

長い時間が流れた。やがて、昌文が静かに、ゆっくりと呟くように言った。

「いちばんおまえをかわいがってくれているお母さんに、乱暴な口を利《き》いちゃいけない。――それだけだ」

この言葉を聞くと、里沙は、声を放ってしゃくり上げた。

「ごめんなさい。母さん、ごめん」

昌一郎は、頭を下げて詫びると、わっと泣き出した。昌文は昌一郎と理沙の肩をとんとんと叩いた。

第三章のまとめ
「見えないもの」が「見えてくる」

思春期の子供とは、ゆとりを持っておおらかに向き合うことがたいせつであると、65頁に書きましたが、それは、「いい加減にあしらう」ということとは全く違います。思春期の心理の特徴は「潔癖」にある、とも書いたとおり、いい加減にあしらったりすれば反抗期、思春期にある子供はよけい反抗してきます。「おおらかに、しかし誠実に」というところが、ポイントです。

「土曜の夜はちびっこカレー」の話も、「元気で学校に行くんだぞ」の話も、子供が親への不満を感じ始め、それを口にしたことが発端になるという点が共通しています。

前者は、その不満を自分たちの力で解決していく話です。ここでは、父親が良い役割を果たしています。父親の勧めを三人の子供は積極的に受け止め、新しい挑戦を始めます。そうすることによって、子供たちはだんだん自信を持っていきます。私は、これらを「お手伝い」ではなく、もっと積極的に「家庭参加」と呼んでいます。

子供はお客様ではありません。家庭のたいせつな構成員の一人です。成員であれば、成員としての義務も責任もあり、それらに早く気づかせ、それらを実践させることが肝《かん》要《よう》です。それによって彼らの「生きる力」が育《はぐく》まれていくことになるからです。

このような挑戦を、まず親のほうから仕掛けていき、子供もまたそれを受けて新たな試練に挑むようになっていく。このサイクルが生まれれば、子育てはとても楽しく、面白く、頼もしいものになっていくことでしょう。ぜひ、お試し下さい。

後者の話は「見えるもの」と「見えないもの」の話です。とかく私たちは目に見えることにしか気づかず、目に見えないものは「無いもの」と思い込みがちですが、ここに登場する父親は、なかなか立派です。帰りが遅い。朝が早い。忙しい。これらはいずれもその本人が社会から必要とされている度合いの大きさ、強さを表しています。有用、有力な人ほど多忙になるのです。これは、家庭としてはまず喜ぶべきことです。社会の役に立てていればいるほど、それは家庭にとって誇らしいことと考えるべきだからです。

しかし、いっぽう子供の心理からするとそれをそのまま理解する、受け入れるということは、必ずしも容易ではないでしょう。そこで重要な役割を担うのが母親です。父親の価値や、有り難さや、すばらしさはなかなか子供には見えにくく、わかりにくいものですが、この母親のような役割を果たせば、子供にも父親の魅力がよく理解できるようになります。子育ては、父親役と母親役との調和とバランスで望ましく進行していくと心得るべきでありましょう。それはたとえ片親であっても、可能なことです。

「窓ガラスを割っちゃった」「おはようございます！」「平手打ち」は、いずれも思春期に特有の「反抗的態度」に親が戸惑い、小さなもめごとを生じてしまう話です。このような出来事は、大小の違いこそあれ、どこにでもきっと生じていることでしょう。たいせつなことは、一つ一つの出来事に、いちいちどのように対処するのがベターか、ベストか、という問題です。一つの正解に落ち着くというわけではありません。時と場所と人間関係がそれぞれ別々だからです。だからこそ、難しいし、面白くもあるのです。

第四章

親と子　教え教えられること

第四章の序
親子関係の残念な変化

親がいなければ子は存在しませんし、子が無ければ親にはなれません。親子という縁《えん》、繋《つな》がりほど尊いものはないと言ってもよいでしょう。吉田松陰《よしだしょういん》（一八三〇〜一八五九）は、安政の大獄に座して処刑されるに及び「親思ふ心に勝る親心、今日の音《おと》信《づれ》何と聞くらむ」という歌を遺しました。松陰の親を思う孝心の篤《あつ》さが読む者の胸を強く打ちます。

子にとって親ほど有り難い存在はなく、親ほどの大恩を受けている存在もありません。その「恩」というたいせつな観念や感情が、戦後六十年余の間にすっかり希薄になってしまいました。「恩」という漢字は、「因《もと》を知る心」だという説明があります。私たちが今こうしてここにいられるのはその因があるからです。そういう目に見えないお陰に感謝する心が「因を知る心」であり、それが「恩」という字の意味なのだと、ある本に書いてありました。その恩を知り、心に感じ、報いていくのが他の動物にはできない人間固有の尊さである、ともありました。この最も人間らしい価値を忘れているのが現代で、それはずいぶん寂しく、残念なことです。

「恩」という価値の希薄化どころか最近は子供による尊属殺人、親による子供の殺人などさえ出現してきました。これはもう大変に異常な事態であって、なんとかしてこの弊風《へいふう》を改め善導していかなくてはなりません。かつての日本人、大和民族は世界でも稀《まれ》に見る孝心と礼節を弁《わきま》えた民族として、その醇風美俗《じゅんぷうびぞく》を誇りとしてきたのに、一体どうしてこんな惨《みじ》めな状況に堕《だ》してしまったのでしょうか。

それは、やはり「戦後の教育」の故であると、私は思います。日本という国家にとって、昭和二十年（一九四五）の敗戦は、それまでの国家と民族の歴史や美風や誇りや自信の大方《おおかた》を失わせることになりました。それが民主化であり、現代化であると誤解をしてしまったと言ってもよいでしょう。極めて残念な、重大な錯覚であったと言わざるを得ません。

この第四章に登場する人物や家庭は、古き良き時代の日本の姿を垣間見《かいまみ》るよすがとして役立つことでしょう。このような家族のありようについて、現代の世相と比べながら、思うこと、気になることなどを話し合ってみて下さい。きっと有益なヒントが得られることと思います。

お爺ちゃんとの別れ

子や孫に愛された爺は、献体と献眼を遺言として他界した。孫たちとの最後の対面について、三男は……。

献体・献眼の遺言

「あの人は、きっと百歳ぐらいまで元気いっぱい生きるに違いないよ」などと噂され、爺もまた、「大丈夫だろうよ。そのくらいまでは」などと自信たっぷりに言っていたのだが、九十歳を越えたあたりから、そうとも言えない体の変調が訪れた。爺も、「この分では百まで生きるというのは難しいだろう」などと言うようになった。そして、言葉を継いで「ついては、お世話になったこの世に最後の恩返しをさせてもらいたい。医学の進歩のために、俺が死んだら、遺体を解剖の材料として提供したいのだ」と言った。老いた婆をはじめ、家族の者は突飛《とっぴ》とも言えることの発言に驚いた。が、爺は大真面目であった。

「実は、前々から考えていたことだ。献眼もしたい。ただし、俺のこの考えを実行するには、家族や子供たち全員の承諾と署名と捺印が必要だ。ぜひ、この願いを叶えさせてもらいたい」と、言葉を重ねた。「遺言だ」とも言った。

一度言い出したら後には引かない爺の性格

を、みんな知りぬいていたし、言われてみれば献体も献眼も、崇高な行為である。一同は爺の考えに心打たれ、全員が賛同の署名と捺印をした。これを見て、爺は座り直して言った。

「有り難う。これで死ぬことが楽しみになってきた。死んでも世のため、人のためになれるかと思うと、死ぬことが一向《いっこう》に苦でなくなった。喜んであの世に旅立てる」

言い終えて、爺は呵々《かか》と大笑した。釣り込まれて一同もまた、声を立てて笑った。

死に顔は見せない

九人の子供を育てたこの爺は、二十一人の孫、六人の曾孫《ひまご》に囲まれ、九十三歳で他界した。死を迎えるまでの三か月程を病院で過ごした爺は、大勢の身内や縁者の見舞いを連日受けながら、「有り難う。有り難う」と言い続けた。これという病気もなく、老衰死という最も自然な最期を遂げて、安らかに旅立った。

子煩悩《こぼんのう》であったから、どの子にも孫にも親しまれ続けた爺であった。訪ねて来る子や孫に会うのを何よりの楽しみにしていた爺は、婆とともにその来訪を心から歓迎し、子や孫たちもその笑顔に迎えられて、足繁く爺や婆のもとを訪れては楽しんだ。

「だから――」と、長兄は言う。「孫たちには死に顔を見せないほうがいい。お爺ちゃんの遺志を尊重して、この病院から直接大学病院に送り出すことにしよう。そうすれば、孫たちの胸の中には、ずっと元気なままのお爺ちゃんが生き続けることになるから――」

爺は事実、前々から言っていた。「献眼は死後六時間以内にしなくてはいけない。だから、俺が死んだら、すぐに大学病院に連絡をしてくれ。そうすれば、病院から直接迎えが来る。葬儀は都合のいい時にしてくれればいい——」と。

みんな爺の言葉を思い浮かべ、長兄の考えはもっともだと思った。

「では、そのように決めるよ——」と、決まりかけたところで、三女から異論が出た。

「やっぱり、一度家に戻って家屋敷をとっくり見せてから送り出すほうがいい。近所でもきっとお別れをしたい方がいると思うし——」

「しかし——、それでは故人の遺志に添わないことになるよ。また、死に顔を孫たちに見せることにもなる。孫たちのお爺ちゃんへの夢を壊すことにはならないかねぇ——」

と、言ったのは次兄である。病院で、子供たちはしばらく、あれこれ話し合うことになった。

死に顔に会わせる

ずっと、口を開かずに考えていた三男が、頃合いを見計らってきっぱりと言った。

「人は、いずれみんな死ぬ。死の現実というものを、幼い子たちにもきちんと見せることが、むしろ大事なことだと思う。死んだ姿を見せずに、元気なままの姿を胸に刻ませるというのも一つの考え方だけれど、やはり、それはどこかにごまかしがあると思うよ——」

うん、うん、とうなずく者が多かった。み

んなを見て、三男はさらに続けた。

「大学病院の話では、献眼は自宅でもできるということだし、献体もそうは急がない、ということだった。お父さんは、そこまでは知らなかったから、病院から直接大学病院に行くと言っていたんだと思う。やっぱり、何十年も暮らした家に一旦《いったん》は戻って、そこからみんなで大学病院に送り出すほうがいいんじゃないか――」

これを聞いて、もはや反対する者はいなかった。全員が、三男の発言に賛成し、幼い子たちにも人の死というものに正対させ、死というものをそれぞれなりに受け止めさせよう、ということになった。

この結論をいちばん喜んだのは、爺とともに長年連れ添ってきた婆だった。婆は遠慮がちに「やっぱりねぇ、そのほうがいいよ。お爺ちゃんも、きっとそれを望んでいると思うよ。私も、ゆっくり家で通夜を務めたいからねぇ―」と、呟いた。

この言葉を聞いて、一同は安堵《あんど》の表情を浮かべ、互いにうなずき合った。近所や親戚《しんせき》の方が訃報を聞いて、次々に家を訪れてくれた。

豆殻の焚き火

療養中の母と別れて祖父母の許に預けられた二年生の吾郎。懐かしい実家の父に思いは募るのだが……。

転校

吾郎《ごろう》は朝眼《め》が覚めたときから寂しかった。朝が小さな胸に辛く迫ってくるようで落ち着かなかった。ぎゅうっと奥歯を嚙みしめて耐えたいような、そんな切ない気持ちなのだ。小学校二年生の吾郎にとって、それは無理もないことだった。

吾郎の母親は二十九歳の若さだったが、二年ほど前から体調を崩して床に就くことが多くなっていた。それが肺結核という恐ろしい病気だとわかってからは、吾郎の生活は一変することになった。まだ戦争が激しさを加えていた当時にあって、肺結核という病は、不治であるうえに、強い伝染力を持つ最も恐ろしい病気であったからだ。二歳になる乳呑児《ちのみご》の妹と、二年生の吾郎とはそれぞれ父親の姉の家と、実家とに一人ずつ預けられた。父親は一人で田舎の田畑山林を守りながら家事を取り仕切るということにして、母親は一人、家から遠く離れた避病院《ひびょういん》の隔離病棟に入院することになった。

村でも少しは知られた財産家であった吾郎の家は、思いがけない母親の結核罹患《りかん》によってゆっくりと、大きく不吉な暗転を始めたのである。

吾郎は、二年生の四月から転校をし、隣村にある父親の生家に預けられ、祖父母の許《もと》で養育されることになった。これまでの学校は歩いて十五分もあれば着ける近くにあったのだが、転校先の小学校は大きな山を二つも越えて通学しなければならない四キロあまりもの遠くにあった。登下校の寂しさも、辛さも苦しさも一挙に四倍にもなったと言える。

友だちも、家族も、自分の立場も、今までのそれとは一変し、どこにいてもなんとなく肩身の狭い思いが拭《ぬぐ》えない。それは当然のこととはいえ、頑是《がんぜ》ない吾郎にとっては寂しく、切ないことであった。

そんな吾郎にとって、大きな楽しみの一つは月に一度か、二か月に一度の実家、生家への帰省であった。学校に行く方向とは反対の方向に四キロあまりの山道を辿《たど》れば、懐かしい生まれ故郷の我が家に着ける。家には、一人で家を守る父親が吾郎の帰りを楽しみに待ってくれているのだった。

帰省

祖父母は吾郎の身を不憫に思って、よくかわいがってくれた。吾郎が家に戻るときにはいつも土産《みやげ》を持たせてくれた。土曜日に戻れば父親と二日間と二晩を共にできるのだった。月曜日の朝は父親が転校先まで自転車で送ってくれる。祖父母の持たせてくれる土産と月曜日の勉強道具を入れたランドセルを背負って戻るのだったが、吾郎は父親に会える喜びを思うと荷物の重さも、四キロあまりの道のりも苦にはならなかった。

戦争が激しさを増すその頃は、田舎にあっても食べる物は極度に貧しく、吾郎はどじょうや鮒《ふな》をすくいに行ってはおかずの足しにした。吾郎の獲物を父は褒め、喜んで料理をし、父と子の二人だけの食事は楽しいものになった。

一緒に風呂に入り、背中を流し合い、夜は吾郎の小さな手を父親の大きな手が包み、父親は得意の昔話を吾郎に語って聞かせてくれた。二人は手をつないだまま、やがて幸せな眠りに落ちる。

焚き火

吾郎は月曜日の朝を恐れていた。寂しい父子の別れが待っていたからだ。父親もまた言葉少なになるのは、吾郎の気持ちを思っていたからかもしれない。

その日の朝は特に霜《しも》が強く、田も畑も一面に白かった。言葉少なに朝食を済ませると、父親は自転車を引き出し、「さあ、吾郎行くぞ」と言った。「うん」と、こっくりをして吾郎はランドセルを背につけた。吾郎は、父親の両腕に包まれて自転車に乗るのを好んだので、いつも自転車の前の横パイプに斜めに腰掛けて自転車に乗った。

父親は、ふと思い出したように豆殻《まめがら》を一本持ってきて後ろの荷台に縛りつけると、ゆっくりとペダルを踏んだ。スピードが出てくると、小さな頬を切る風は冷たく、吾郎にとってそれは痛いようにさえ思われた。間もなく眼《め》に涙が浮かんだが、あながちそれは寒い風のせいだけではなかったかもしれない。そんな吾郎の心の内を励ますように、父親はいろいろと吾郎に話しかけてくれるのだったが、吾郎の心の内の寂しさはやはり募るのだった。

学校に近くなれば別れが迫る。吾郎はまたそっと涙を拭った。景色が霞《かす》んだ。「さて、この辺であったまるか」と言いながら、父親は自転車を止めた。吾郎を促し、霜で白くなった田圃に豆殻を持って降り立つと、父親は、しゃがみこんでマッチを擦《す》った。

小さな火がちろちろと燃え、やがて豆殻は大きな炎となってパチパチと音を立てた。「さあ、あたれ、あたれ」と言いながら、父親は吾郎の背中を包むようにして背後から吾郎の掌《てのひら》をこすった。体がぽかぽかとしてきた。吾郎は豆殻の焚《た》き火《び》にあたりながら、父親のぬくもりを背中に感じとっていた。

墓場の戒め

二年生の宏は、父の恩人でもあり、大好きなおじさんがくれたお小遣いを頑《かたく》なに拒んでしまう。父は……。

おじさんに会える

おじさんが久しぶりに家にやってくるというので、国民学校（現在の小学校にあたる）二年生の宏《ひろし》はとても楽しみにしていた。おじさんは宮崎に住んでいるので、めったに会うことができない。宏もこれまでに三、四回しか会ったことはなかったが、会うたびに宏と遊んでくれたり、お土産を持ってきてくれたりするので、とても親しみを感じていた。小さかったときに、ずっと肩車をして夕日の見える丘まで連れていってくれたこともある。赤い夕焼けとともに宏の忘れられない、遠く、懐《なつ》かしい記憶になっている。

おじさんは宏の父親の兄で、事業家としてかなり成功しているということだ。「師範学校に通うお金のほとんどを出してくれた恩人だ」と、その後に父親がよく話していたことも思い出される。おじさんから、東京に用事ができたのを機会に生まれ故郷の実家を訪ね、そのついでに宏の家にも一晩泊まっていくという手紙がきたその日から、宏はおじさんに会うのをずっと楽しみにしていた。

もちろん父親も母親も同様だった。その頃

までは戦争中だったので、汽車の切符もなかなか手に入りにくかったし、食べる物も着る物も十分にはなかった時代である。それでも宏の両親は何かと心をくだいて、もてなしの相談をしていた。乗り物と言えば自転車しかなかったが、駅までは父親が迎えに行き、おじさんを乗せてくることになった。

家族の歓待

とうとうその日がやってきた。七月の末で毎日が暑く、父親はランニングシャツ姿で八キロあまりの砂利《じゃり》道《みち》を自転車でおじさんを迎えに行った。

おじさんと父親が戻ってきたのは、お昼を少しまわった頃で、父親の汗は体にも顔にも流れるようだったが、二人とも大にこにこ顔だった。

「大きくなった、大きくなった。宏は立派な百姓になれそうだなあ」

と言いながら、おじさんは「よーいしょっ」と両手で宏を高く抱き上げた。宏はおじさんのがっちりした両腕に抱き上げられて少し照れくさかったがとても嬉しく、いっそうおじさんに親しみを感じた。

畑でとれたトマトは、湧き井戸の水で冷やされ、暑い中を戻ってきた二人をもてなすには最高のご馳走だった。おじさんは、「うまい、うまい」と、何度も、何度も繰り返しながら、四つも食べた。会社の事業が軍需産業のあおりでなかなかうまくいかなくなっていることなども話されたが、宏にはわかりにくい話だった。それでも宏はずっとおじさんのそばで話を聞いていた。

多額のお小遣いを辞退

夜は、とっておきの酒も出されて大人同士の話は楽しく盛り上がった。その雰囲気が宏にもとても嬉しく、楽しかった。

「そうだ、宏にお小遣いをやるのを忘れていた。いい子になったから、おじさんも奮発《ふんぱつ》するぞ。さあ、受け取れ」

突然、上機嫌のおじさんは財布を開けて、びっくりするような額を取り出した。

「いいです、おじさん。おれ、いらない」

宏は、とっさにそう言って強く手を振りながら、座ったままで後じさった。両親も驚いて「とんでもない」と遠慮した。

「いい、いい。まあ、遠慮するな。さあ、宏、好きなものに自由に使え」

いっそう上機嫌になったおじさんは、二枚の札を宏に差し出した。宏はいよいよ後じさって「いいです。いらない」と言った。

「まあ、そんなことを言わんで……」

とおじさんは繰り返した。

ちょっと、座が白けてくるようで、見かねた父親が、恐縮しながら宏にいただくようにと促した。しかし、宏は今さらもらうわけにはいかないように思えて、なおも固辞した。白けた座が少し気まずくなったようで、父親は宏に「もらえ」と命じた。宏は、それでも「いらない」と言って受け取らなかった。

墓場の戒め

「宏っ！」と、父親は短く鋭く叫ぶと同時に、宏を小脇に抱きかかえるや否や、がたがたっと下駄《げた》をつっかけると、そのまま闇の中を駆け抜けた。どさりと宏が投げ出された所は、宏の家の代々の墓所だった。

「立てっ！」と言いざまに、父親は宏を蹴飛ばし、立ち上がった宏の頬《ほお》を張り飛ばした。

「お父さんの言うことが聞けないのか、おまえはっ！」

そう怒鳴ると、また鋭くビンタを浴びせた。宏は大声で泣き叫び、「堪忍《かんにん》だよ、堪忍だよう」と繰り返した。

父親は、さらに大きな声で、「もらうかっ！」と怒鳴った。「もらうよ、もらうよう」と宏は泣きながら父親に哀願するように答えた。

「よし、それなら、許す」

と、父親は短く言ったが、父親もまたわなわなとふるえているように思われた。

父親は下駄で、宏ははだしで闇の道を無言で戻った。過ぎた遠慮と親の言うことに従わない無礼を、父親は身をもって戒《いまし》め、叩き込んだのだ。

あれほどの怒りを、その後の父親に宏は見たことがない。

父の背中を流す

頑固な父親に反抗心を抱いていた良司だったが、ある講師のひと言に、その心は……。

運を良くするには親孝行がスタート

「運を良くするには、親孝行がスタートですよ！」

良司《りょうじ》が三村宅の玄関を辞す刹那《せつな》、講師の先生が大きな声で言った。良司に向けて言われた言葉なのかどうか、それははっきりしないが、良司には、その言葉が自分に向けて言われたように思われて、さっきから何度もこの言葉を反芻《はんすう》していた。「親孝行」という言葉は、良司の心にとりわけ痛く刺さるように感じられた。〝およそそれには遠いなあ〟と、良司は思った。親孝行という言葉は苦手なのだ。

このままではいけない、どこかがまずい、と良司は思っていた。店の仕事もほぼ順調であり、家族はみんな健康だし、これと言って不満があるわけではないのだが、どうも家の中がしっくりとしていない。特に、父親の頑固なまでの支配ぶりは良司の心にいつも反抗心を芽生えさせた。良司が子供のときのこと、泥のついた汚れた下駄で玄関から上がったのを見つけた父は「こんな汚いままの下駄で、玄関から入るとはなんたることか！」と怒鳴りざま、良司の下駄を庭に放り出してしまった。「すみません」という言葉は良司の口からは出ずに、父親への反抗の心がむらむらと生まれてきた——。

このままではいけない、どこかがまずい——。そんな心でいた良司に今晩の講師の言葉は痛烈に響いた。拭おうとしても拭おうとしても、すぐに胸に甦《よみがえ》ってくる。

「運を良くするには、親孝行がスタートですよ——」

俺は親不孝だったのではないか

風呂を出て、床に入って眠りにつこうとするのだが、講師の言葉がやはり頭から離れない。知り合いの社長からの強い奨めを拒みきれず、不承不承《ふしょうぶしょう》出かけていった「モラロジー」の家庭座談会での講師の話は、何一つわからなかった。退屈で、難解で、やはり断ればよかったと思いながら玄関を出る矢先に、先の言葉を耳にしたのだった。今晩の座談会で心に残ったのは、要するにこのひと言だけだったなと良司は思った。

やがて良司は、ふと新しいことに気づいた。「俺は親不孝だったのではないか——」という思いである。現に今も父親のことを快くは思っていない。このままでは「運を良くする」ことにはならないのではないか。講師は、別れる間際にそのことを私に言ったのかもしれない——。とすると、これは大変なことだ。これから先の家運が傾いていくようでは、家族みんなが不幸になってしまう。——ふうむ、ひょっとするとこれは本当の予言かもしれない。長男の自分としては、これは思案のしどころかもしれぬ。

孝行の実行の難しさ

あの晩から、良司は自分の心の中にある変化が生じていることに気づいた。これまでの自分を見つめ始めている。今までは自分を省みるのではなく、もっぱら気に入らない父親のことばかりが心を領していたのだが——。とりわけ「親孝行」と「運を良くする」という二つの言葉が自分をふり返るキーワードになり始めている。

よし、今までの親不孝を孝行に変えてみよう。そのことによって運が開けていくならば、これほどいいことはない。あれこれと親孝行の実行を思うのだが、さて何をしたらよいものか、と考えるとよくわからない。あれこれ考えた末に、良司は風呂好きの父親の背中を流してみようと思いついた。これならばできるかもしれない。よし、やってみるか。

ところが、良司の決心は、「今晩こそは」と思うばかりで、いざそのときがくると、とても言い出せないのだった。ずるずると幾晩かが過ぎてしまった。小さな実行の難しさを良司は思い知らされることになった。

運が開けた幸せ

とうとうある晩、良司は「お父さん、背中を流させて下さい」と言った。顔が上気して、胸がどきどきして、言葉が上ずった。「なんだって?」と、父親が訝《いぶか》しんで問うた。良司は、今度ははっきりと、もう一度同じ言葉を口にした。「そうか、それは有り難い」と、父親は大きな背中を良司のほうに向けて手拭いを渡した——。

——あのときから、四十年余りの歳月が流れる。父親も母親も、とうにこの世の人ではない。良司は、あの夜の父親の喜びようをまざまざと思い出す。あの、怖いばかりで口《くち》喧《やかま》しい父親が、息子の良司に向かって「有り難う、有り難う」と、何度も繰り返して礼を言ったのだった。

あのときの、清々しい充実感と満たされたような幸福感とを、良司は齢八十に近い今もほのぼのとした気持ちで思い出す。父親の背中を流して喜ばれたことによって、良司は「孝行」の入口に立った。格別の事情がない限り、良司は父親の背中を流し続けた。

今、家庭には何一つ悩みはない。良司は「運を良くする」ことが、みごとに叶えられた幸せの中にいる、と思った。

野口語録
NOGUCHIGOROKU

目の前の子供たちに物を教える場合、自らの「体験で語れる」人は強い。「語れるに足る体験」を持った人こそが、あるいは本当に人を教えることができる人かもしれない。

新しい学生服

母の女手一つで中学校に通う三郎は、ツッパリグループの番長から学生服を作るよう強要され……。

ツッパリらしい服を作れ

「三郎《さぶろう》、ちょっとこっちへ来い。話がある」

ぎろりとした眼《め》つきで努《つとむ》に顎《あご》をしゃくられ、三郎はどきっとした。平静を装って、

「なんですか、先輩」

と答えたものの脚《あし》が小さくふるえた。

体が大きいわりに小心な三郎は、ここ三、四か月ほど中学校の番長格の努に少しずつ目をかけられ、ちょいちょい声をかけてもらっていた。ツッパリグループに繋《つな》がっていることで、小心の三郎もなんとなく強がっていられる気がした。

「おまえ、いつまでそんなヤボ服を着てんだよ。ちったあ格好つけてみろよ、ツッパッてんだからよォ」

どすの利いた声で努に言われて三郎は小さい声で「ハイ」と言うのが精いっぱいだった。努の着ている学生服は、ひと目でそれとわかる変形のものだった。ダブダブのズボンにまるでセーラー服みたいに下を切りつめた上着、ボタンはばらりと外されている。

「一週間もあれば洋服屋が作る。そんときよォ、おふくろに五千円ばぁり高ぇ値で言

え。その五千円は組のモンに上納だ」

さすがに返事をしかねている三郎に、

「わかったんかよォ」

と押しかぶせるような努の声が飛んだ。

三郎は、さっきよりももっと小さな声でハイと言った。ほとんど聞こえないような声だったが、それでも努は満足したらしく、

「じゃあな、忘れんなよ」と言って、ポケットに手を入れた格好で肩を揺らして去っていった。

三郎の家は豊かではない。離婚をした父親の仕送りなどはとうになく、母親の手一つで弟との三人暮らしが支えられている。頼みこめばなんとかしてはくれるだろうが、三郎にとってそれはやはり辛いことだった。三郎は重い足どりで家に向かった。

作ってやるよ、新しい服を

夜かなり遅くまで弁当屋で働く母親が、それでも元気を装って明るい表情で帰宅したのは、もう夜の九時を回った時刻だった。

「三郎君、何をしょげてんだい。何か学校であったんかい。遠慮しないで話してごらんよ、この母さんにさあ」

心の内を覗《のぞ》かれたようでぎくりとしたが、このときを外しては頼めないととっさに考えた三郎は、思い切って母親に頼みこんだ。

「学生服がだいぶ痛んできたので、もう一着でいいから、母さん、なんとか作ってもらえないだろうか。高校に行っても大事にするからさあ、頼むよ母さん」

母親は、三郎の着ている今の服が実は知り合いの子供からの譲り受けであり、できれば

自分の手で新しい学生服を着せてやりたいとも考えていたときだったので、

「なんだい、そんなことか。わかった、わかった。母さんに任せときな。その代わり、しっかり勉強して母さんを喜ばせんだよ」

と、明るい調子で三郎に言った。最後の言葉に三郎はずきんと心を打たれたが、どうやら願いが叶えられたのでほっとした。ぎろりとした眼で睨《にら》んだ努の顔がちらりと浮かんだが、三郎はそれを打ち消した。

洋服屋さんで採寸の折に、三郎は細かな注文をつけた。努が着ているようなツッパリグループのユニホームに近い変形服だ。

「少し高くなりますよ」

と洋服屋さんは言ったが、三郎は承知した。そして、五千円ばかり高く値をつけて、それは三郎に返してもらいたいことも頼んだ。洋服屋さんはちょっと三郎の眼を覗きこんだが、それ以上は聞かずに承知した。

それでもおまえは着ていくか!

「三郎、洋服ができたよ。お金も払ってきた。どれ、新しい服を着てみい。母さんにそれを着て見せてごらん」

母親は、真新しい洋服の箱を三郎の前に押しやりながら、明るい表情で言った。

「有り難う」と、三郎はぺこりと頭を下げたが、すぐにはそれを着ることをためらった。

「どうしたんだい。さあ、早く着てごらんよ」

母親に重ねて急《せ》かされて三郎がその服を着ると、明るかった母親の顔から血が引いた。

「なんだい、その服は、三郎！　それは不良が着る服じゃないか。おまえはそんなもんを着たくて、この母さんに頼みこんだのか！」

「母さん、違うよ。こういう服が今ははやってんだよ。このほうが格好いいんだよ」

「ごまかすんじゃないよ、三郎！　そんな形の服を着ている中学生は、みんないかれてる。母さんはちゃんと知ってんだ!!」

いつもは明るく、元気のいい、しかし優しい母親が、血相を変えていた。青ざめていた。

「いいかい、三郎。おまえがどうしてもその服を着ていくって言うんなら、母さんは絶対に承知しないよ。それでもって言うんなら、この母さんをぶっ殺してから着てけっ。おい、三郎っ！　それでもおまえは着ていくかっ！」

三郎は、がくがくと脚がふるえた。訳もなく涙がどっと溢《あふ》れた。努の顔を振り払って、三郎は言った。

「ごめん、母さん。俺は着ていかない」

両手を畳についていた。母親の両手がしっかり三郎の肩を抱いた。三郎は両手をついたまま、声を放って泣いた。そして、「ごめん、ごめん」と繰り返した。

父母の恩、祖父母の恩

祖父母が喜んだ孫娘の結婚式。祝福されて幸せな新郎新婦による披露宴の挨拶は、上出来だったのだが……。

祝辞・夫婦げんかの研究

「おめでとうございます。お幸せに」

「まあ、一段ときれいだわ。とってもよくドレスがお似合いよ」

「素敵なお嫁さんですね。大事にするのよ」

華やいだ雰囲気に包まれて、新婦の晶子《あきこ》さんも、新郎の哲児《てつじ》さんも少し上気していた。嬉しさは隠しようもなく、終始二人は笑顔をふりまいている。

媒酌人《ばいしゃくにん》だけはさすがに少し固くなって、モーニング姿がちょっとぎこちない感じがする。新郎新婦のそれぞれの友人たちは、格別にはしゃいでいる。若者は明るい。披露宴での出し物もほぼ決まったようだ。

さて、型どおりの式の後、披露宴もまた手慣れたプロの司会の下にとんとんと進行し、一座は大いに盛り上がってこの二人の門出を祝っていた。

スピーチの中で、ひときわ光っていたのがさる年配の上司の方のものだった。話題は夫婦げんかについて、という風変わりなものので、そのポイントは次のようなことだった。

「夫婦げんかというものは、どういう場合

に発生するか、といろいろ考えてみた。両人ともに本当に聡明で理性的であれば、まず夫婦げんかなどというものとは無縁であろう。こういう夫婦は生涯仲睦《なかむつ》まじく暮らすこと間違いない。また、夫婦のいずれか一方が本当に聡明で理性的であれば、仮に片方がどんなに難題をふっかけても、おおらかに受け止めて、まず争いにはならないと思う。このように考えてくると、夫婦げんかというものは、いずれも本当に聡明で理性的ではない者同士の間に生ずることになる。つまり、どっちもどっちというレベルの二人の間に起こるものなのだ。だから、新郎新婦は互いに常に学び合って、ともに本当に聡明かつ、理性的な人間に成長し続けなければならない。お二人の門出を心から祝福して、祝いのスピーチとする」

スピーチが終わると、楽しい笑いとともに大きな拍手がしばらく鳴りやまなかった。ユーモアがあって、事の本質をついたすばらしいスピーチだった。思い当たる節に苦笑する者もあり、若いカップルも照れ臭そうな表情でお互いを見つめながら笑い合っていた。

新婦の挨拶への苦言

披露宴の終わりの頃に、新郎新婦はともに、両親と来客に対してきちんとした挨拶をした。十分に練り上げた文面の朗読という形だったが、並み居る来客は一様《いちよう》にある種の感動を覚えたらしく、みんな口を結んで静かに聞き入り、うなずき、あらためて二人を育て上げた両親の苦労や慈愛について思いを致し、この挨拶にもまた、大きな拍手を贈った。とりわけそれぞれの両親の感慨は深く、母親はそっと涙を拭っていた。幼い頃からのさまざまな思い出が脳裏をめぐり、ついついほろりとしてしまったのだろう。無理もないことだ。

晶子さんの両親は、我が娘ながらこの挨拶はなかなかの出来だったと、披露宴のあとで話し合った。二人は、娘の挨拶にほぼ満足したのだった。

この結婚式には、晶子さんの祖父母も招かれていた。晶子さんが今日の佳《よ》き日を迎えるまで、お爺ちゃんお婆ちゃんにもずいぶんかわいがられてきたからである。ところで、このお爺ちゃんから、晶子さんの挨拶についてこんな感想が出された。苦言とも言える。

「なかなかよくできた挨拶だった。しかし、ひと言お爺ちゃんやお婆ちゃんのことにも触れてくれると、その挨拶が一段と深みを増したと思う。両親だけへのお礼だったのがちょっと惜しかったなあ」

この話を聞いて、晶子さんの父親は「あの場でそんなことまで言わなくてもいいだろうに」と、少し不快な感じがした。それを洩らすと母親も「そうですねえ」と呟いた。めでたい披露宴のあとで、両親には小さな胸のしこりが一つ残ったような気がした。

祖父の寂しさに気づく

やがて、この夫婦にも女の子の赤ちゃんが生まれ、両親は、孫から見ればお爺ちゃんお婆ちゃんになった。晶子さんは実家で出産し、二か月近くをしばらくぶりに実家で過ごしたのだが、さて、そうなってみると、老夫婦となった二人に、孫の存在はたいへん大きなものになった。抱く。あやす。ミルクを飲ませる。洗濯をする。寝かす。おむつを替える。着替えをさせる等々、とりわけ老妻は忙しい。

　この様子を見て、父親はふと晶子さんの結婚式のあとで、祖父が洩らしたひと言を思い出した。「ああ、こうやって晶子も生まれたそのときから、祖父母にずいぶんかわいがってもらって育ったんだなあ」と、過《す》ぎ来《こ》し方《かた》に思いを馳《は》せた。やがて、この孫娘が長じ、私たち祖父母が華燭《かしょく》の典《てん》に招かれたとして、孫娘の挨拶がひと言も老妻のことに触れなかったとしたら、それはやはり寂しいことだろうとも思った。

　祖父の感じた寂しさが、今ようやく自分にもわかるような気がした。祖父母に申し訳ないことをしたなあ、と思った。父親は、早速祖父母の許を訪ねて、お詫びとお礼とを述べた。

野口語録
NOGUCHIGOROKU

「覚えておけよ。忘れるなよ。いいか。たいせつなことだよ」と、しつこく教師に言われたようなことほど、子供というものは忘れてしまうものである。その好例が、卒業式の式辞や訓示、そして祝辞である。ところが、さりげなく言われた言葉が今も心に残って忘れられないということがある。私の母は、学校から帰った私を迎えるのに、必ず「お疲れさんだったねえ。一休みしなよ」と言ってくれた。この言葉で私はずいぶんとほっとしたものである。

第四章のまとめ
この「父親」を見よ

この第四章には、親と子、あるいは家族同士のありようにかかわる小さな六つの話が載っています。

第一話の「お爺ちゃんとの別れ」は、子や孫や曾孫《ひまご》に愛された老爺《ろうや》の死をめぐる身内の思惑の交錯を描いたものです。美しく楽しい思い出のままで終わらせるために、幼い子らには死に顔に会わせないほうがいい、という考えと、そうではなく冷厳な死という事実に出合わせるべきだという考えとが出されます。故人の遺志をたいせつにするならばどちらがいいかと話し合い、最終的にはやはり死に真向かわせるべきだというところに落ち着きます。やはり、それが故人にとっても、きっと嬉しかった結論と言えるでしょう。ここでは「自分にとっては、どれがいいか」という自分本位の考えではなく故人や孫や、お爺ちゃんお婆ちゃんにとって何がベストなのか、という観点での話し合いが進行しています。そうだからこそ、最後には全員の一致が見られることになったのでしょう。後日談ですが、ここに登場する「婆」もまた、「私も献体、献眼をして故人の許に行きたい」と申し出て、一族はそれを祝福し、家族全員が諒承《りょうしょう》の捺印をしたそうです。

「墓場の戒め」は、現代にあってはなかなか理解し難い話です。実は、この話に対しては、『れいろう』誌での連載中に抗議めいた投書もあったのです。この父親の態度は許し難い。子供の人権を踏《ふ》み躙《にじ》るもので、それは虐待《ぎゃくたい》に等しいものではないか、というご意見でした。読者の皆さんは、どのようにお考えでしょう。

昔、「地震《じしん》 雷《かみなり》 火事《かじ》 親父《おやじ》」という言葉がありました。辞典では「日常、人々の恐れるものをその順に列挙して言う語」と解説されています。「雷親父《かみなりおやじ》」という言葉もあって、それは「とかく大声でがみがみと怒鳴りつける親父」と説明されています。

ここに登場する宏の父親は、「雷親父」でしょうか。少し違うようです。仮に、父親があの場で何もせずにいたら、その先の場はどうなったでしょう。楽しく、上機嫌だった一座の雰囲気は、だんだん冷えて暗くなっていったのではないでしょうか。ここに集う人も、出来事も、みんないいことばかりなので、宏の固辞さえなければ座は和やかに進んだことでしょう。

「過ぎた遠慮と親の言うことに従わなかった無礼を、父親は身をもって戒め、叩き込んだのだ」と、この文章には書かれています。「あれほどの怒りを、その後の父親に宏は見たことがない」と結ばれるこの「父親」を現代に見ることはできないでしょう。それは、子供たちにとって、果たして幸せなことなのでしょうか。

日露戦争（明治三十七年～三十八年）を勝利に導き、明治天皇の大葬当日、妻静子とともに自邸で殉死《じゅんし》を遂げた乃木希典《のぎまれすけ》陸軍大将は、幼少時代に「寒い、寒い」とぐずっていたところ、「では暖かくしてやろう」と父親に井戸端に伴われ、頭から冷水をぶっかけられたという逸話《いつわ》があります。絵本の乃木少年は羽織袴《はおりはかま》をつけ、井戸端に正座をしていました。同じく正装の父親が袴をたくし上げ、つるべ井戸の水を頭からぶっかけている絵を私は今も鮮やかに覚えています。この父親の教育のありようが、後に「軍神」と仰がれる乃木大将を育てたと考えるのは無理なことでしょうか。

あとがき

房総には稀《まれ》なかなりの降雪が、節分に当たる二月三日にあり、その残り雪が清々しく山野の早春を彩っています。冷え冷えとした浅春の気がむしろ肌に心地よく、今朝も私の身を引き締めてくれます。

この春は、私にとってはなかなかの思い出深い年となります。私は今年八回めの子年《ねどし》を迎えて七十二歳、年男です。そして小学校教師三十八年、国立大学教授五年、大学等講師七年を経て、この四月からは新設開学する植草学園大学の発達教育学部・国語科教育担当教授として常勤することにもなっています。それは、教職生活五十年、半世紀を越えた五十一年めのスタートでもあり、かくも長い奉職が叶えられる幸せをかみしめています。

私は間もなく始まる四月からの大学教員としての再出発を今とても楽しみにしています。研究室が与えられ、私の最後の実践研究が存分にできる環境に恵まれます。今日までにお恵みいただいたさまざまの大恩に報いるべく力いっぱいの報恩研究に打ち込みたいと、私は今新たな夢を膨《ふく》らませています。

珍しい春の大雪の降った平成二十年二月三日には、私の教師生活五十周年を記念した研修会と講演会と祝賀会とが、地元の木更津技法研の仲間のお骨折りによって開かれました。地元は勿論のこと、札幌、群馬、栃木、東京、神奈川、奈良、鳥取などからもすばらしい先生方が来られ、八十人を超す盛大な会になりました。身に余る光栄、とはまさにこのことです。有形無形のかかる愛情と恩恵には、ただただ感謝あるのみです。

そういう慶事続きに加えて拙著二書が同時に発刊されることは、これまた身に余る喜びであります。本書の内容は、財団法人モラロジー研究所の月刊誌『れいろう』に三年に亘《わた》って連載させて戴いた「ドキュメンタル・メルヘン」あるいは「実録風童話」とでも称すべきエピソード集です。私の五十年に及ぶ教員生活の中で出合ったり、見聞したりしたことがらが骨格になり、そこに私なりの主張も滲《にじ》ませながら書いたものです。各篇ともあえて結論を出していませんが、そこが「どうします、こんなとき?」という呼びかけの所以《ゆえん》です。混迷の日本の現状を打開し、再興していくのは「国家百年の大計」である教育の力以外にはないと、私は信じています。

本書刊行につき、モラロジー研究所出版部の久野信夫様、みち書房の石田和威様には格別のご厄介になりました。特に記して深甚なる感謝を捧げます。有り難うございました。

平成二十年　二月七日

著者

[著者紹介]
野口芳宏（のぐち・よしひろ）
植草学園大学教授（発達教育学部・発達支援教育学科）
日本教育技術学会理事・名誉会長

昭和11年（1936）、千葉県君津市生まれ。千葉大学教育学部卒。千葉大学附属小学校教諭、公立小学校教頭、校長、北海道教育大学教授、麗澤大学講師、月刊雑誌編集長等を歴任。

現在、財団法人モラロジー研究所教育者講師、日本言語技術教育学会理事・副会長、鍛える国語教室研究会、国語人の会、実感道徳研究会　各主宰。

著書に『小学生までに身につける子どもの作法』（PHP研究所）、『縦の教育、横の教育』（財団法人モラロジー研究所）、『硬派　教育力の復権と強化』、『言葉で子どもがこんなに変わる』、『自立をめざす子育て』、『親子で楽しむ一日一話』、『野口芳宏著作集「鍛える国語教室」（全23巻）』、『野口芳宏第二著作集「国語修業・人間修業」（全15巻・別巻1)』、『楽しく力がつく、作文ワーク（全6巻)』、『話すこと、聞くことマスターカード（全4巻)』（以上、明治図書出版株式会社）ほか多数。

子供の発信・親の決断

平成20年5月10日　初版発行

著　　者　野口芳宏
編集発行　財団法人 モラロジー研究所
〒277-8654 千葉県柏市光ヶ丘2-1-1
TEL 04-7173-3155（出版部）
http://www.moralogy.jp/
発　　売　学校法人 廣池学園事業部
〒277-8686 千葉県柏市光ヶ丘2-1-1
TEL 04-7173-3158
印　　刷　横山印刷株式会社

ISBN978-4-89639-151-0